马克思主义中国化"两个结合"地方实践推动高端智库、贵州省社科联招标项目"贵州扎实做好易地扶持搬迁'后半篇文章'研究"（GZLCZB-2022-2-6-10）研究成果

"贵州师范大学全国重点马克思主义学院建设经费"和"贵州师范大学马克思主义理论学科建设经费"资助出版

Guizhou Yidi Fupin Banqian
Houxu Fuchi Zhengce Shishi Yanjiu
2012—2020

贵州易地扶贫搬迁
后续扶持政策实施研究
2012—2020

陈勇军　著

人民出版社

目　　录

绪　　论

实现全体人民共同富裕,是马克思主义对未来社会的美好期待,也是社会主义的本质要求。中国共产党人百年来接续奋斗,取得了消除绝对贫困的重大历史性成就,实现了"从贫困到温饱到总体小康直到全面小康的历史跨越"[①]。这一跨越具有里程碑意义,标志着中国"已经到了扎实推动共同富裕的历史阶段"[②]。

党的十八大以来,以习近平同志为核心的党中央,根据我国社会发展阶段的新变化,提出要在推动全体人民共同富裕上取得实质性进展,并对新时代实现全体人民共同富裕作出了精要鲜明、系统全面、科学深刻的重要论述。以习近平总书记为核心的党中央关于共同富裕的重要论述是对马克思主义关于共同富裕思想的继承和创新,是新时代推进共同富裕的根本遵循与行动指南。

一、研究背景

脱贫攻坚是促进全体人民共享改革发展成果、实现共同富裕的重大举措。近年来,贵州坚持贯彻以人民为中心的发展思想,坚持在高质

[①] 《全面建成小康社会:中国人权事业发展的光辉篇章》,《人民日报》2021 年 8 月 13 日。
[②] 习近平:《扎实推动共同富裕》,《求是》2021 年第 20 期。

量发展中促进共同富裕,加大税收、社保、转移支付等调节力度,着力扩大中等收入群体比重,增加低收入群体收入,在促进社会公平正义、人的全面发展和全体人民共同富裕上取得了显著进展。贵州这些成功实践体现了中国特色社会主义制度的优越性,体现了习近平总书记关于共同富裕重要论述的核心要义,对坚持走新时代共同富裕道路具有重要启示意义。

(一)易地扶贫搬迁"是一个不得不为的措施"①

易地扶贫搬迁是我国按照"政府主导、群众自愿"原则,把生活于条件恶劣地区的农民搬迁到生活条件较好地方,并通过产业、培训等帮助其实现稳定脱贫和全面小康的精准扶贫举措。改革开放以来,在党和政府持续的大规模扶贫工作推动下,我国贫困地区的经济社会得到了较快发展,贫困人口占比有了显著下降,同时也积累了许多宝贵的扶贫经验。党的十八大以来,我国经济社会发展进入全面建成小康社会决胜时期。全面建成小康社会就是要建成覆盖领域全面、覆盖人口全面、覆盖区域全面的小康社会,因此,贫困是全面建成小康社会最突出的"短板","一方水土养不起一方人"造成的贫困则是这个"短板"中的"短板"。如何解决这个问题,习近平总书记在 2015 年 11 月 27 日召开的中央扶贫开发工作会议上提出实施精准扶贫,易地扶贫搬迁则是精准扶贫的重要措施之一。"易地搬迁脱贫一批,是一个不得不为的措施,也是一项复杂的系统工程。"②为做好易地扶贫搬迁工作,国务院在 2015 年底召开全国易地扶贫搬迁工作电视电话会议,按照"理顺机

---

① 《十八大以来重要文献选编》(下),中央文献出版社 2018 年版,第 41 页。
② 《脱贫攻坚战冲锋号已经吹响 全党全国咬定目标苦干实干》,《人民日报》2015 年 11 月 29 日。

制、明晰目标、守住底线、确保脱贫"①的要求,对新时代易地扶贫搬迁工作作出了全面部署。

在第十三个五年规划时期,我国通过易地扶贫搬迁工程,最终帮助约1000万建档立卡贫困人口实现了"挪穷窝""换穷业""拔穷根",从根本上摆脱了贫困生活。

我国的易地扶贫搬迁工作经过了三个阶段:第一阶段是从1983年到2000年,这个阶段属于地方探索阶段,共搬迁了45万人②;第二阶段是2001—2015年,这个阶段属于试点推广阶段,共搬迁了687万人。第三阶段是2016—2020年,这个阶段属于有计划实施阶段,共搬迁了约1000万人。其中,第三阶段是最难的阶段,因为易地扶贫搬迁的贫困人口是以往扶贫中未啃下来的"硬骨头",而且具有搬迁人口数量多、安置条件约束多和搬迁脱贫难度大等特点。

贵州是我国唯一没有平原支撑的省份,生态宜居环境较差,规划易地扶贫搬迁人口达到了188万,占全国易地扶贫搬迁人口的六分之一。尽管承担的任务非常艰巨,但因为有国家和地方的高度重视、前期积累的搬迁经验和贫困人口具有较强搬迁意愿等有利条件,贵州不仅在2015年12月2日率先拉开我国"十三五"时期易地扶贫搬迁序幕,而且在2019年底超额完成了既定任务,实际搬迁了192万人。

(二)"对易地扶贫安置点搬迁群众要搞好后续扶持"③

对于如何巩固易地扶贫搬迁工作的成果,习近平总书记指出:"对易地扶贫安置点搬迁群众要搞好后续扶持,多渠道促进就业,强化社会

---

① 《易地扶贫搬迁必须紧盯脱贫目标》,《人民日报》2016年3月17日。
② 黄云平、谭永生、吴学格等:《我国易地扶贫搬迁及其后续扶持问题研究》,《经济问题探索》2020年第10期。
③ 习近平:《在全国脱贫攻坚总结表彰大会上的讲话》,《人民日报》2021年2月26日。

管理,促进社会融入。对脱贫县要扶上马送一程,设立过渡期,保持主要帮扶政策总体稳定。"①搬出条件恶劣的山区,只是完成易地扶贫搬迁任务的第一步,更重要的任务是解决搬迁后续发展问题。

在大规模易地扶贫搬迁开始后没多久,贵州就未雨绸缪,预先谋划了搬迁之后的扶持工作。在 2016 年,贵州省委、省政府就针对"搬出来后怎么办?",提出并实施了"五个三"②生计保障计划等搬迁后政策。2018 年初,随着贵州全省搬迁任务大部分接近尾声,贵州省委、省政府提出要把易地扶贫搬迁工作的重心及时转移到后续扶持上面,为此,组织了历时 7 个月的调查研究。2018 年底,贵州省委、省政府针对安置点的扶持和社会管理问题,进一步明确提出易地扶贫搬迁后续扶持工作要建好"五个体系"③。

2019 年 2 月,经过多方研究,贵州省委、省政府出台了《关于加强和完善易地扶贫搬迁后续工作的意见》及 7 个配套文件,对如何完善安置点基本公共服务等工作作出全面性、制度性安排。贵州在易地扶贫搬迁特别是后续扶持工作上取得的进展,获得中央肯定。2019 年 4 月,全国易地扶贫搬迁后续扶持工作现场会在贵州省黔东南州顺利召开,会议不仅深入学习了习近平总书记关于扶贫工作的重要论述,而且按照李克强总理重要批示对易地扶贫搬迁后续扶持工作进行了热烈的交流讨论。

2020 年初,随着易地扶贫搬迁任务全面完成,贵州省委及时部署

---

① 习近平:《在全国脱贫攻坚总结表彰大会上的讲话》,《人民日报》2021 年 2 月 26 日。
② 即盘活"三块地"(即承包地、山林地和宅基地);统筹"三就"(即就业、就学和就医);衔接"三类保障"(即低保、医保和养老保险);建设经营性"三个场所"(即经营性服务公司、小型农场和公共服务站);探索建立服务群众"三种机制"(即集体经营、社区管理服务、群众动员组织)。
③ 一是基本公共服务体系,二是培训和就业服务体系,三是文化服务体系,四是社区治理体系,五是基层党建体系。

搬迁脱贫质量巩固提升工作,坚持战"疫"战贫两手抓,采取了多重举措确保搬迁劳动力就业,纵深推进易地搬迁扶贫"五个体系"建设,及时启动安置住房不动产登记,高标准通过了国家验收。2020 年 12 月,根据国家高质量发展的新要求,贵州省委、省政府又及时出台了《关于高质量推进易地扶贫搬迁后续扶持工作的意见》等文件,这不仅向全社会释放易地扶贫搬迁后续扶持力度只增不减的明确信号,还标志着贵州易地扶贫搬迁进入了高质量推进阶段。

二、研究动态

1. 国内相关研究的学术史梳理

中国成规模的搬迁扶贫有 30 多年的历史,伴随这 30 多年的实践,国内也先后形成了大批相关研究成果。目前看来,第一篇相关成果是《特困地区异地安置效果好——凌云县异地安置扶贫试点的调查》①。此后,相关研究成果多以"异地扶贫开发"为题。2002 年,开始出现以"易地扶贫搬迁"为题的学术论文。早期相关研究成果多是对易地扶贫搬迁的介绍和工作设想,后来,出现了对易地扶贫搬迁工作经验的理论反思,这些研究主要探究了易地扶贫搬迁的政策过程、实施策略、后续发展以及效益评估等领域。

(一)关于易地扶贫搬迁的本质和特征

易地扶贫搬迁在本质上是一场利益博弈与互动发展的民心工程,涉及安置群众的生产生活、社会稳定、文化保护、迁出地与迁入地利益、环境保护等诸多问题,其中,农民在易地扶贫搬迁后的可持续发展、福祉变化与生态问题是最主要的问题。易地扶贫搬迁的目的是为了解决

---

① 杨柳:《特困地区异地安置效果好——凌云县异地安置扶贫试点的调查》,《广西农村经济》1994 年第 5 期。

因"一方水土养不起一方人"导致的贫困问题,而对这些居住在生存条件恶劣地区的群众进行整体搬迁的扶贫方式。在国外,这些安置点搬迁群众被称为"生态移民"。因为,他们既不是因自然灾害或者社会建设而形成的移民,也不是因市场作用而产生的移民,而是国家为全面建成小康社会而构建的一种制度性扶贫方式,因而具有一定的"中国特色"。

2. 关于易地扶贫搬迁的实施安置

目前,学界研究的主要是搬迁对象、搬迁安置主体和形式等问题。一是在搬迁对象研究上,有学者发现搬迁对象识别偏差源于农村人情关系和村级治理不健全①,云贵川的建档立卡存在高达25%的"精英俘获"率②,社会资本、经济资本、人力资本等对农民搬迁有重要影响,贫困农户因资本缺乏往往愿意留在原居地,而较富裕农户更愿意参与搬迁③。这些研究虽分析了搬迁对象选择偏离的现状和原因,但对"精英俘获"和农户条件限制外的恶劣环境、政策不当等原因缺乏深入研究。二是在搬迁安置主体上,有学者认为主体应包括政府、农户自身和企业等,其中政府是强大主体,它不仅可以用行政手段和舆论工具进行搬迁动员④,而且可以利用政策法规、资金信贷、后续服务体系等方面的权力⑤,因而,政府主导的搬迁规模较大、速度快;农户自主的搬迁因为是以投亲靠友为主,能发挥农民主观能动性和社会资本作用,因而,返迁

① 李朝晖、李博:《从群众认可度看扶贫政策完善——基于湖北武陵山片区的调查分析》,《中南民族大学学报(人文社会科学版)》2021年第1期。
② 胡联、张小雨、缪宁:《精英俘获形成机制及对巩固脱贫攻坚成果的启示》,《山西农业大学学报(社会科学版)》2020年第3期。
③ 时鹏、余劲:《易地扶贫搬迁农户意愿及影响因素研究——一个基于计划行为理论的解释架构》,《干旱区资源与环境》2019年第1期。
④ 王金涛:《新疆金融精准扶贫的难点与对策研究》,《时代金融》2017年第23期。
⑤ 王娟:《为高质量打赢贵州脱贫攻坚战提供组织保证》,《理论与当代》2020年第11期。

率低,脱贫效果好;企业承包的搬迁则能依照市场规律进行统一的农业开发、生产经营管理,因而能够提高农民参与市场的能力[①];有学者基于恒大集团大方县扶贫的经验,提炼出配套产业模式和政策建议[②]。三是在迁入方式上,有学者认为可以分为集中安置和分散安置两种模式,选择哪一种搬迁安置模式,取决于当地政府、移民以及其他机构的意愿偏好,是各主体协商的结果。对于搬迁安置各模式,学界虽进行了一些归类介绍,但对各模式的利弊、适用条件等尚未进行系统深入分析;虽提出要帮助移民重塑生计,但没提出详细措施。

3. 关于易地扶贫搬迁的效益评估

学界主要讨论了效益评估主体、评估指标体系和评估结果。在易地扶贫搬迁效益评估主体上,有学者提出评估主体应该是政府部门、民主党派、社会组织以及第三方评估机构,政府作为主导者须对整个工作全面督查[③],但政府内部评估也存在着评估方法不够完备、内容不够全面、重点不够突出、结果不够科学等问题[④]。在易地扶贫搬迁效益评估指标体系上,研究者认为减贫成效、精准识别、精准帮扶和扶贫资金4个评估维度有局限性[⑤],应从经济、缓解贫困、社会和生态方面提出评价标准[⑥]。总体而言,这些研究主要是从经济、社会、生态3个维

① 财科所全国财政协作课题组、许航敏、葛小南:《市场化订单农业:农业现代化发展的必由之路》,《中国财政》2014年第5期。

② 许乾郎、罗蓉、王志凌:《民营企业参与扶贫攻坚衔接乡村振兴的路径研究——以贵州省大方县和丹寨县为例》,《热带农业工程》2021年第2期。

③ 许源源、熊瑛:《易地扶贫搬迁研究述评》,《西北农林科技大学学报(社会科学版)》2018年第3期。

④ 余健:《"技术霸权"与"行政动员":精准扶贫考核评估研究》,华中师范大学2020年博士学位论文。

⑤ 王鑫:《精准扶贫背景下武陵山片区易地扶贫搬迁研究》,中南民族大学2018年博士学位论文。

⑥ 徐杰、杨晓倩:《BSC和模糊积分法下的农村扶贫绩效审计评价》,《财会月刊》2019年第12期。

度入手,基于当地实际设计易地扶贫搬迁的效益评估标准,因而研究内容相对深入。但因为都是考察脱贫成效问题,很少对识别准确率、搬迁满意度、资金使用绩效等进行评估,而且在评价指标上存在宽泛模糊可操作性不强等问题。在易地扶贫搬迁效益评估结果上,有学者认为"三西"等地区的扶贫搬迁提高了农民的收入和农业产出,缓解了人口较多地区的耕地紧张情况,促进了移民生活观念的更新[1]。也有研究认为易地扶贫搬迁兼顾了扶贫和生态环境保护双重目标,带动了集镇发展和新农村建设,提升了贫困群众抵御自然灾害的能力[2]。这些研究虽对易地扶贫搬迁开展了富有启示意义的效益评估,但是很少说明具体评估过程和评估结果,因而无法为改善易地扶贫搬迁提供参考。

4. 关于易地扶贫搬迁的政策过程

学界主要研究了政策内容、政策执行、政策环境。在易地搬迁的政策内容研究上,有学者通过政策文本量化分析,发现国家相关政策早期多集中于民生保障和财政金融,后向项目监管、管理体制、土地政策、机制创新等方面完善[3],但还是因为存在实施主体不明确导致的考核不严格等问题[4],以及政策出现对接落差导致的政策系统效应不强等问题[5]。在易地扶贫搬迁的政策执行上,有学者发现尽管减贫效果明显,

① 侯顺斌、金昱彤:《易地搬迁社区重建:问题与重建进路》,《兰州文理学院学报(社会科学版)》2018 年第 4 期。
② 宁静、殷浩栋、汪三贵等:《产业扶贫对农户收入的影响机制及效果——基于乌蒙山和六盘山片区产业扶贫试点项目的准实验研究》,《中南财经政法大学学报》2019 年第 4 期。
③ 刘伟、徐洁、韩秀华等:《生态脆弱区农户收入贫困与多维贫困的关系研究——基于陕南安康市 1404 份调查问卷的实证分析》,《干旱区资源与环境》2018 年第 9 期。
④ 陆汉文、朱晓玲:《西藏偏远地区的脱贫道路与发展困境——以阿里地区一个贫困村为例》,《中国农业大学学报(社会科学版)》2020 年第 6 期。
⑤ 郑瑞强、胡春晓、赵烨:《脱贫攻坚经验总结及成果巩固策略研究——以江西为例》,《农林经济管理学报》2020 年第 5 期。

但存在扶贫主体单一、水平有限、急功近利及畏难情绪①，以及各自为政、缺乏沟通、贫困治理碎片化等问题②。在易地扶贫搬迁的政策环境上，有学者发现易地扶贫搬迁面临着土地紧缺、资金有限、产业支撑不足、社会保障乏力③、乡村精英俘获、基层治理不善和移民社区治理困难等制约因素④。这些有关易地扶贫搬迁后续扶持政策的分析，大多没有注意到政策执行过程中的问题往往是政府定位不当、政策执行能力不足、移民自身能力不足或者政策环境不佳等因素综合作用的结果。

5. 关于易地扶贫搬迁移民的后续发展

学界主要研究移民的文化、生计、心理等适应问题。在移民搬迁后面临的问题上，有学者发现移民搬迁后存在发展目标不明、合作精神不够等问题⑤；基于贵州省的调查分析，发现一些少数民族移民还可能面临民族文化差异、自我情感孤立等困境⑥。在移民搬迁后的自我适应上，研究发现安置点搬迁群众会根据情况主动调整生计策略，一些采取非农专业化和传统生计专业化策略的农户通常比采取补贴依赖型、生计多样化型农户在搬迁后的恢复情况要好⑦；会与安置地非移民发生

---

① 郑瑞强、王英、徐元刚：《同步小康视野下扶贫移民政策与惠农政策衔接问题探讨》，《三峡大学学报（人文社会科学版）》2015 年第 3 期。
② 田甜、李博、左停：《"懒惰的穷人"的产生：一种贫困发生的新型解释框架——基于贵州省黔西南州林村实地调研的思考》，《农村经济》2021 年第 2 期。
③ 冷佳君、何得桂：《深度贫困地区健康扶贫政策执行偏差的机理分析——基于陕西省镇巴县的调查》，《卫生经济研究》2019 年第 9 期。
④ 党国英：《巩固脱贫成效政策需相应转变》，《北京日报》2020 年 11 月 2 日。
⑤ 郑瑞强、王英、涂海华：《适应期扶贫移民生计贫困多维测度与政策蕴含》，《商业研究》2015 年第 11 期。
⑥ 徐锡广、申鹏：《易地扶贫搬迁移民的可持续性生计研究——基于贵州省的调查分析》，《贵州财经大学学报》2018 年第 1 期。
⑦ 黎洁：《陕西安康移民搬迁农户的生计适应策略与适应力感知》，《中国人口·资源与环境》2016 年第 9 期。

资源争夺、价值观念碰撞和融合①,会逐步改变和放弃原有的生产生活方式、宗教信仰和风俗习惯,从而融入当地社会之中②。在易地搬迁后的社会扶持上,对异地搬迁扶贫安置点农民提供心理疏导、人力资本和金融资本,有助于其增收③,政府应在农民安置之后提供一定的产业扶持和社会保障④。长远来看,为避免在政府帮扶措施和政策退出后再次陷入贫困,安置点搬迁群众应主动消除"等、靠、要"、畏难和安于现状的思想,增强自力更生意识和自身发展能力,同时要重视子女的教育,阻断贫困的代际传递⑤。这部分文献对易地扶贫搬迁后的环境适应和脱贫发展做了较为全面的研究,并且提出了一些后续帮扶措施,可是没有深入讨论提高措施针对性和有效性的方法,也没有研究政府与移民在帮扶中的互动。

(二)国外相关研究的学术史梳理

"易地扶贫搬迁"是具有中国特色的词汇,与国外的"生态难民"(Ecological refugees)、"环境难民"(Environmental refugees)等具有许多相似之处,都是指因为居住环境遭到破坏,而被迫临时或永久离开其家园的人们⑥。"扶贫移民"(povertyalleviation resettlement)这个概念在国外则是近十年才出现的,其内涵更接近于"易地扶贫搬迁"。国外对中

---

① 上官子恒、施国庆、黄健元等:《湖北省农村贫困状况及脱贫影响因素分析》,《统计与决策》2019 年第 3 期。

② 蒋飞云:《集中连片深度贫困村扶贫性生态移民与土地利用变化分析——以贵州省威宁彝族回族苗族自治县扶贫性生态移民区为例》,《湖北农业科学》2021 年第 4 期。

③ 汪磊、汪霞:《易地扶贫搬迁农户就业能力评价研究:以贵州省为例》,《北方民族大学学报》2020 年第 3 期。

④ 覃礼涛:《强技能是安置点搬迁群众致富"金钥匙"》,《当代贵州》2020 年第 26 期。

⑤ 吴玲、张福磊:《精准扶贫背景下农村数字化贫困及其治理》,《当代世界社会主义问题》2018 年第 2 期。

⑥ Yankee M,"*The syndrome of poverty. Migrant day carecenter*",*The American Journal of Nursing*,1966(8).

国的扶贫移民工作也有过一些研究,他们研究了扶贫搬迁的内涵,提出了安置点选择的要素①,评价了各种安置模式的优劣,梳理了搬迁后面临的各种问题②。总的来看,与国内研究基本一致。

1. 关于易地搬迁的政策过程

有学者根据迁移起因,把搬迁分为因某种自然灾害造成的迁移、因环境崩溃造成的迁移和因自然生态缓慢退化造成的迁移三类。③ 也有学者认为生态难民的产生原因分为灾害、政府蓄意和环境退化三种。也有学者认为行政压力与普适性政策之所以容易导致搬迁对象的识别错位,主要原因是国家、地方政府和贫困户三者之间的制度逻辑、利益诉求、利益博弈并不相同,从而使得搬迁工作陷入某种制度性逻辑困境,进而导致政策出现异化,严重时还可能削弱政策公信力④。

2. 关于易地搬迁的实施安置

国外学界具有代表性的理论成果有:1975 年美国学者威廉·彼得逊(William Petersen)将人口迁移区分为"原始型、强迫型、推动型、自由型和大规模型"5 种类型,对于移民理论的建构奠定了坚实基础。英国学者 DeJong 和 Fawcet 的"价值预期模型"认为,个人和家庭的迁移动因是基于某种目标的价值函数,不仅包括了财富、地位和归属等因

①　Vira Bhaskar,"Ecosystem People,Omnivores and Ecological Refugees of India",*Global Ecology and Biogeography Letters*,1997(5).

②　Cao Xiaoyi,Chen Lin,Tian Lang,Jiang Xiaolian,"Psychological Distress and Health-related Quality of Life in Relocated and Nonrelocated Older Survivor safter the 2008 Sichuan Earthquake",*Asian nursing research*,2015(4).

③　Vira Bhaskar,"Ecosystem People,Omnivores and Ecological Refugees of India",*Global Ecology and Biogeography Letters*,1997(5).

④　"Environmental Research;Studies from Tongji University in the Area of Environmental Research Reported (What factors influence the willingness of protected area communities to relocate? China's ecological relocation policy for Dashanbao Protected Area)",*Ecology*,*Environment & Conservation*,2020.

素,同时还包括舒适的居住环境以及有利于身心健康的居住氛围。因为"精英俘获",使移民搬迁反而排除了需优先搬迁的最贫困家庭①。也有学者发现,许多地方政府允许安置点农民在搬迁后一段时期内仍然保留旧居,直到他们适应安置地生活并愿意永久移居,这种灵活的处置方式可以在短期内增强安置群众的安全感②。

3. 关于移民搬迁的效益评估

有学者认为移民搬迁是一项特别复杂的系统工程,其效益评价指标至少应该包括以下4种:一是包括人均纯收入、人均粮食产量、劳务输出率等在内的经济扶贫效益指标;二是包括适龄儿童入学率、人均荒地面积等在内的持续发展效益指标;三是包括果林覆盖率、水土流失面积百分比等在内的生态环境效益指标;四是包括通婚率、语言交流无障碍率等在内的社会整合效益指标③。因为移民搬迁工程复杂,所以需要引入非利益相关、独立专业的第三方评估机构参与评估。这方面的相关研究,大多数简单介绍第三方评估机构参与评估的方式、与政府评估的分工合作、评估的流程和规范等。

4. 关于搬迁移民的后续发展

国外学者分析了移民出现的经济、心理、教育、发展保障等多维贫困现象,指出他们要面临生产技能不足、土地资源损失、日常收入减少、生活成本增加、社会关系网络受损、社会边缘化等许多风险④。也有学

---

① Vicente M. Ortuño, Marcos Toribio, " Ecological Relocation of the Palaeo endemic Iberotrechus bolivari (Jeannel): from Troglobiont to Epigean (Coleoptera: Carabidae: Trech ini)", *The Coleopterists Bulletin*, 2006(1).

② "Poverty and Accommodation: Is 'Resettlement' feasible any longer?", *Probation Journal*, 1989(4).

③ Fukutome Nobuko, Yamamoto Hilofumi, "Problems of Refugees in Japanese Language Use after Training frothier Resettlement", *The Journal of Japanese Language Education Methods*, 1993(1).

④ Kavita Ramakrishnan, "Disrupted Futures: Unpacking Metaphors of Marginalization in Eviction and Resettlement Narratives ", *Antipode*, 2014(3).

者认为,处于搬迁区域却未搬迁的农户也可能面临道路等公共基础设施恶化、社会资本明显减少①、与移民之间的联系被切断等负面影响②。

（三）国内外相关研究评析

学界现有"易地扶贫搬迁"相关研究成果,大多集中于"怎么搬""搬得出"等"前半篇文章",2019年底,在国家易地扶贫搬迁第一阶段"搬得出"任务完成后,开始集中研究易地扶贫搬迁的"后半篇文章",也就是后续扶持问题,并取得了一系列成果。因为时间不长,易地扶贫搬迁研究尽管取得了较大进展,但也还存在进一步拓展的研究空间。

在研究内容上,虽然学界对易地扶贫搬迁的政策过程、搬迁安置、后续发展和效益评估等进行了分析,但大多是分析研究其中某一个方面或某一问题,从宏观层面对易地扶贫搬迁的后续扶持工作和后续扶持政策的研究并不多见。这种研究现状也必然导致对易地扶贫搬迁后续扶持政策的理解把握呈现碎片化。导致移民贫困的原因不仅有恶劣的自然环境,也有疾病、上学、无劳动能力等因素,因此可以基于可持续生计框架,研究易地扶贫搬迁后续政策的效果、满意度、需求及其优先序。

在研究路径上,现有易地扶贫搬迁后续扶持政策研究集中于政策的设计,对于后续扶持政策既有经验的反思不多,总结后续扶持政策的实施,指导相关理论探究、相关政策的建构,加强和改进易地扶贫搬迁实践仍有一定的研究空间。

在研究方法上,已有研究以定性研究为主,对易地扶贫搬迁工作提

---

①　Anqi Gu,"Research on the income of water conservancy project resettlement from the perspective of social capital",*IOP Conference Series：Materials Science and Engineering*,2019(6).

②　Navjot K. Lamba, Harvey Krahn, "Social capital and refugee resettlement：The social networks of refugees in Canada",*Journal of International Migration and Integration / Revuedel' integration etdel a migrationin ternationale*,2003(3).

出许多有益的建议。然而,要提升易地扶贫搬迁后续扶持政策研究的科学性,还需要适时采用定量研究。因为易地扶贫搬迁如果出现执行压力、规划不当、执行偏差等,就容易导致地方政府把扶贫搬迁作为"短平快"的工作。为此,应充分利用大数据、"互联网+"等新技术,结合我国新型城镇化和城乡一体化等,探索易地扶贫搬迁成果的巩固路径与方法。

三、研究的目的、内容与意义

(一)研究目的

到目前,贵州易地扶贫搬迁后续扶持政策已经实施了两年多了,这些后续扶持政策质量如何?是否有效回应安置点搬迁群众需求?有哪些方面还需要进一步优化?要科学回答这些问题,需要对这些政策进行认真调查,这样才能为易地扶贫搬迁后续扶持政策的进一步优化和调整提供理论支持。

(二)研究内容

本书主要包括以下内容:一是通过收集资料和现场调查,实地了解贵州易地扶贫搬迁后续扶持政策的现状、效益、生态环境及搬迁户的生产生活情况。二是基于可持续发展目标,对贵州易地扶贫搬迁后续扶持目标进行合理定位,了解省外易地扶贫搬迁安置区的成功经验,掌握贵州设计可持续后续扶持政策的具体历史过程。三是构建贵州易地扶贫搬迁效益评估指标体系,对贵州易地扶贫搬迁进行合理评估。四是调查分析搬迁后续扶持政策对农户福祉变化的影响,探讨搬迁后农户福祉与后续扶持政策的关系。五是提出贵州易地扶贫搬迁后续扶持政策的完善建议,为促进贵州易地扶贫搬迁移民的可持续发展提供理论支撑。

（三）研究意义

1. 理论意义

第一，为研究其他地区的易地扶贫搬迁提供参考样本。贵州地处西部山区，在易地扶贫搬迁后续扶持政策的执行过程中遇到的问题，在我国易地扶贫搬迁中具有一定的共性和代表性。运用人口迁移理论、政策执行理论、社会治理理论和可持续生计理论等研究贵州易地扶贫搬迁后续扶持政策，对其他地方的相关研究具有一定的参考意义。

第二，后续扶持政策研究的拓展了领域。研究贵州易地扶贫搬迁后续扶持政策的效果、满意度、需求及其优先序，在一定程度上可以弥补我国易地扶贫搬迁后续扶持政策研究的不足；研究贵州易地扶贫搬迁后续扶持政策对群众可持续生计的影响，可为易地扶贫搬迁后续扶持政策的顶层设计提供理论支撑。

2. 实践意义

第一，研究贵州易地扶贫搬迁后续扶持政策的执行过程，能够提高人们对此类公共政策的感知和认识，对于进一步保障和改善民生，促进贵州和谐社会建设具有一定的现实意义。

第二，通过综合评价贵州易地扶贫搬迁后续扶持政策的执行现状、政策成效和供给需求，揭示贵州后续扶持政策的基层实践逻辑，对督促相关部门做好易地扶贫搬迁后续工作具有一定意义。

第三，习近平总书记在全国脱贫攻坚总结表彰大会上指出，"脱贫摘帽不是终点，而是新生活、新奋斗的起点。要切实做好巩固拓展脱贫攻坚成果同乡村振兴有效衔接各项工作，让脱贫基础更加稳固、成效更可持续"①。因此，揭示易地扶贫搬迁居民后续发展存在的问题并提出

---

① 习近平：《在全国脱贫攻坚总结表彰大会上的讲话》，《人民日报》2021年第2月26日。

解决策略,对贵州充分发挥自身优势,巩固拓展脱贫成果,尽快实现乡村振兴具有重要意义。

四、研究的过程、创新、特色

(一)研究过程

在 2020 年上半年,因为疫情的暴发,本书课题组原计划外出进行的调查工作无法完全执行。为此,课题组及时调整了研究计划。一是把主要精力放在完成各个分报告中相关研究对象的研究现状和理论基础的进一步梳理。二是在贵阳周边选择部分安置点进行试调查,然后根据试调查对问卷进行调整修正。2020 年下半年,课题组老师根据疫情形势缓和情况,分 3 组带着研究生深入选择的安置点进行实地调查。2021 年上半年,课题组一方面继续开展实地调查,同时进行数据的统计和分析,以及撰写研究报告。经过课题组成员的共同努力,课题研究终于按照计划完成了发表研究成果、整理结题等工作。

(二)主要创新

1. 在研究对象上,以往后续扶持政策的研究对象,大多以基本公共服务、培训和就业服务、文化服务、社区治理和基层党建中某一政策的实施情况为对象。本书则是以"五个体系"为对象,并基于《关于加强和完善易地扶贫搬迁后续工作的意见》"1+7"系列文件规定的任务,制定贵州易地扶贫搬迁后续扶持政策实施现状调查的指标体系,因而能够更加全面准确反映贵州易地扶贫搬迁后续扶持政策实施现状。

2. 在研究方法上,以往后续扶持政策的调查,多以安置点搬迁群众为调查对象,以群众满意度或获得感为对象,只制作一套调查问卷。本书的调查对象包安置点领导干部和搬迁群众两个群体,既考察群众满意度又考察政策落实情况,而且根据对象不同制定两套调查问卷,因而能够更有效揭示后续扶持各项政策的有效性和完善方向。

3. 在数据分析上,以往利用 SPSS22.0 软件对调查数据进行单因素分析。本书采用聚类分析等方法,分析贵州易地扶贫搬迁后续扶持政策的满意度及其影响因素,以探析后续扶持政策对移民农户家庭生计资本的净效应和安置点搬迁群众对易地扶贫搬迁的政策需求,为进一步完善易地扶贫搬迁后续扶持政策提供参考。

(三)主要特色

1. 调查样本的代表性。在脱贫攻坚中,贵州有 88 个县(市、区),建成了 900 多个安置点,本书以贵州市州作为一级抽样单元,根据市州所辖县的多少抽取 2—3 个县(市、区),共 19 个二级抽样单元,再从每个二级样本随机抽取了 3 个安置点,最后由 57 个安置点构成调查样本。这样确保样本具有较强的代表性。

2. 政策评价的系统性。本书根据《关于加强和完善易地扶贫搬迁后续工作的意见》"1+7"系列文件,并参考国家公共基本服务标准体系而制定的《贵州易地扶贫搬迁后续扶持政策实施情况评价体系》,共有 25 个一级指标,75 个二级指标,198 个三级指标,涵盖了后续扶持政策绝大部分任务要求。

3. 对策建议的针对性。本书基于《关于加强和完善易地扶贫搬迁后续工作的意见》"1+7"系列文件,根据 75 个二级指标的内容,分别进行实施情况分析和满意度情况分析,在此基础上有针对性地提出相关对策建议。

第一章　贵州易地扶贫搬迁后续扶持
政策实施现状的调查设计

生活条件恶劣地区人民的贫困问题是一个阻碍世界和谐发展的难题,也是对当下的中国实现全体人民共同富裕面临的重大挑战。为此,党中央在 2013 年适时提出了应对和解决的措施——实施易地扶贫搬迁工程,以此从根本上解决约 1000 万建档立卡贫困人口的贫困难题。易地扶贫搬迁后续扶持政策的实施对于巩固搬迁群众脱贫成果,最终与全国人民实现共同富裕具有意义重大。习近平总书记指出,各地区各部门确定工作思路、工作部署、政策措施,要自觉同党的理论和路线方针政策对标对表、及时校准偏差,党中央作出的战略决策必须无条件执行,确保不偏向、不变通、不走样。① 更好地认识实现共同富裕的规律,建设社会主义现代化强国,有必要对有关易地扶贫搬迁后续扶持政策进行调查。

本章在对易地扶贫搬迁后续扶持政策的实施过程进行简要的梳理和对开展研究所需的理论工具进行简要概述的基础上,基于可持续生计分析框架,依据满意度理论,设计了《关于贵州易地扶贫搬迁后续扶持政策满意度调查问卷》《关于贵州易地扶贫搬迁后续扶持政策执行

---

① 《更好把握和运用党的百年奋斗历史经验》,《人民日报》2022 年 7 月 1 日。

情况调查问卷》。贵州有900多个易地扶贫搬迁安置点,本书课题组不可能也没有必要对每个安置点逐一进行观察和研究。为此,课题组在选择调查样本时采取了概率抽样、分层抽样和多级整群抽样方法进行抽样,选取调查样本,然后运用问卷调查、访谈调查和实地调查三种调查方法进行调查。

第一节　贵州易地扶贫搬迁后续扶持政策的发展

贵州省作为全国易地扶贫搬迁的主战场,全国易地扶贫搬迁人口最多的省份,在易地扶贫搬迁中积累了许多成功经验。贵州易地扶贫搬迁后续扶持政策着重解决的是"搬出来后怎么办"的问题,它的制定和执行,不仅确保了易地扶贫安置点搬迁群众到2025年前稳定融入安置点社区,而且也为他们在2035年完全融入安置点社区奠定坚实基础。

一、政策背景

贵州省作为全国易地扶贫搬迁的主战场,是全国规模最大、贫困人口最多的省份。这是因为贵州是全国唯一没有平原支撑的高原山地居多的省份,境内的自然地貌多数都是高山、石山、深山,导致环境闭塞、基础设施差,导致经济社会发展落后,是我国扶贫对象最多、扶贫难度较大的区域。

(一)2015年,贵州在全国率先拉开"十三五"时期易地扶贫搬迁序幕

在2015年,贵州省委、省政府以习近平新时代中国特色社会主义思想为指导,深入践行以人民为中心的发展思想,把易地扶贫搬迁确立为贵州脱贫攻坚的重中之重和"当头炮",决定把易地扶贫搬迁工作作

为改变贵州城乡格局、城镇格局和产业格局的重大机遇,作为改变贵州偏远山区贫困农民及其子孙后代命运的重要举措,决心围绕脱贫抓搬迁,突出精准抓落实,强化标准抓规范,通过深入推进"六个坚持""五个三",全面提升易地扶贫搬迁工作的质量和成效,走出了一条独具贵州特色的城镇化安置路子。贵州按照"五位一体"总体布局,基于《中国农村扶贫开发纲要(2011—2020年)》,确定了把扶贫开发和生态环境建设结合起来的扶贫战略目标。

(二)2016年,易地扶贫搬迁序幕"当头炮"首战告捷

为了完成既定易地扶贫搬迁任务,贵州在2016年8月发布以《关于深入推进新时期易地扶贫搬迁工作的实施意见》为龙头的"1+6"系列政策文件,明确了"怎么搬"的路线图,提出了"六个坚持"[①]原则,为全面提高易地扶贫搬迁质量和成效奠定了政策基础。在2016年8月22日至23日召开的全国易地扶贫搬迁现场会上,国务院总理李克强提出,"易地扶贫搬迁是打赢脱贫攻坚战、提升特困地区民生福祉的重点关键"[②]。

(三)2017—2019年,全面系统地谋划贵州易地扶贫搬迁工作

2017年3月,贵州省委、省政府印发《关于精准实施易地扶贫搬迁的若干政策意见》,全面系统地阐明了贵州易地扶贫搬迁的指导思想、

---

① 即坚持省级统贷统还,省级筹资近100亿元,让市县两级集中精力抓搬迁。坚持贫困自然村寨整体搬迁为主,全省整体搬迁自然村寨10090个,彻底解决区域性整体贫困问题。坚持城镇化集中安置,三年共建设集中安置点946个,其中城镇安置点701个179万人、跨县区搬迁23万人,彻底"挪穷窝、断穷根"。坚持以县为单位集中建设,安置项目全部由县级政府统规统建,且由县委书记或县长包保项目建设,是全国易地扶贫搬迁工程建设管理方式的实践创新。坚持不让贫困户因搬迁而负债,采取严控住房建设面积、严控建设成本、严控自筹资金和严控房屋类型"四个严控"措施,切实降低搬迁成本。坚持以岗定搬以产定搬,根据安置地可提供就业岗位和安置容量确定搬迁规模,精准落实搬迁对象每户1人以上就业目标。

② 《聚焦增强安置点搬迁群众后续发展能力 确保实现精准扶贫、稳定脱贫》,《人民日报》2016年8月24日。

目标任务、基本路径、重点政策和实施要求。2017年,贵州省委、省政府决定全面推行城镇化集中安置和以县为单位集中建设管理,要求把易地扶贫搬迁安置点建立在市(州)政府所在城市和县城等经济集聚功能强、创业就业机会多、人口容量大的地方。2018年,贵州提前筹备易地扶贫搬迁任务"歼灭战",共搬迁65万人,建设136个安置点,全部实现城镇化集中安置。根据《2019年易地扶贫搬迁事中事后监管巡查工作方案》,组织开展常规性监管巡查和整改。

(四)2019年以来,对易地扶贫搬迁后续扶持工作作出系统安排

2019年2月15日,贵州省委、省政府印发《关于加强和完善易地扶贫搬迁后续工作的意见》(黔党发〔2019〕8号),对易地扶贫搬迁后续工作进行了系统部署和周密安排。2019年12月23日,全省经济工作会议上宣布,"十三五"时期188万人的易地扶贫搬迁任务全面完成,开始迁后续扶持发展。2020年底,贵州通过易地扶贫搬迁将192万人搬出了贫困深山区、石山区,其中城镇化集中和分散安置179万人。2021年,贵州省人力资源和社会保障厅、省生态移民局等六部门发布了《关于切实加强就业帮扶巩固拓展脱贫攻坚成果助力乡村振兴的实施意见》,以巩固脱贫攻坚成果,全面推进乡村振兴。

二、政策制定

搬迁是手段,脱贫才是目的。早在2016年,贵州省委、省政府就围绕解决"搬出来后怎么办"的问题,制定了"五个三"生计保障计划和部分后续扶持配套政策。2018年3月,贵州省委、省政府提出以易地扶贫搬迁的"六个坚持"作为解决搬得出、稳得住、能致富等问题的主要原则,推动贵州易地扶贫搬迁工作取得了阶段性成效。

在贵州全省搬迁任务大头落地后,贵州省委、省政府作出及时把工

作重心转移到后续扶持工作上来的决定,组织各方面力量着力研究后续扶持工作。2019 年 2 月 15 日,贵州省委、省政府印发《中共贵州省委贵州省人民政府关于加强和完善易地扶贫搬迁后续工作的意见》(黔党发〔2019〕8 号),对易地扶贫搬迁后续工作作出系统安排。在 2019 年 2 月 23 日召开的全省易地扶贫搬迁后续工作推进会上,贵州省委、省政府提出了要贯彻落实习近平总书记对贵州脱贫攻坚工作系列重要指示精神和全国易地扶贫搬迁工作现场会精神,全力做好易地扶贫搬迁"后半篇文章",二者共同确保安置点搬迁群众搬得出、稳得住、能致富。

贵州《关于加强和完善易地扶贫搬迁后续工作的意见》,全力构建了后续扶持工作"五个体系",对搬迁后续扶持工作作出全面的制度性安排①,促进了"五个三"的全面落实。易地扶贫搬迁取得巨大胜利的同时,针对搬迁居民在搬迁后的生活、就业、后续扶持等方面也采取了诸多措施,党中央的脱贫攻坚决策部署在贵州省落地见效。

贵州省委提出的易地扶贫搬迁"六个坚持"与"五个体系"是前后衔接、紧密相连的有机整体。前者着重解决的是易地扶贫搬迁中"怎样才能搬得出来"的问题,后者着重解决的是"搬出来后怎么办"的问题,分别着眼于做好易地扶贫搬迁的"前半篇文章"和"后半篇文章",构成了贵州省易地扶贫搬迁工作的完整体系。

2020 年 12 月,贵州印发了《关于高质量推进易地扶贫搬迁后续扶持工作的意见》,从就业增收、县域经济、社区治理、基本公共服务、文化传承、资金投入、组织保障等 7 个方面提出了 26 条措施。对于群众关切的安置住房不动产登记问题、搬迁入住后因为人口增加而造成住

---

① 即基本公共服务、培训和就业服务、文化服务、社区治理和基层党建。

房紧张的问题,还提出了住房不动产登记2021年6月底前完成,如果搬迁家庭新增人口较多且符合条件,可以优先享受城市低收入群体的保障性租赁住房或住房租赁补贴等解决方案。

三、政策执行

(一)强化政治担当,全省尽锐出战

为强化易地扶贫搬迁后续扶持,贵州省委省政府要求全省上下坚定不移贯彻落实习近平新时代中国特色社会主义思想和习近平总书记关于扶贫的重要论述,以发起总攻、夺取全胜的决心,尽锐出战、务求精准,按照"省负总责、县为主体"的管理体制,通过整合各种资源、合力攻坚,深入细致地做好易地扶贫搬迁工作,以苦干实干业绩诠释对党的绝对忠诚,以苦干实干实效为人民谋福祉,努力搬出质量,搬出成效,搬出群众满意,搬出群众对中国共产党和社会主义制度的拥护。

(二)强化督促指导,确保政策落实

贵州省委省政府将工程实施情况纳入市、县政府年度目标绩效考核,层层签订责任状,实行督察、审计、稽查、明察暗访、考核"五位一体"督查机制,即省委、省政府、省委督察室、省指挥部每半年组织一次项目全覆盖督查,2017年以来,省委对66个贫困县开展脱贫攻坚全覆盖专项巡视。责成审计部门开展易地扶贫搬迁年度审计,现已对2016年度、2017年度项目所有安置点进行了全覆盖审计,省委、省政府、省人大、省政协不定期组织开展明察暗访,每年度对各市州县项目综合实施情况进行考核评估。通过上述措施,建立和完善问题发现机制和纠错机制,主动查找问题、发现问题、解决问题,"以较真促认真,以碰硬促过硬"。

(三)立足新的阶段,推动提质增效

随着搬迁建设任务全面完成,2020年贵州省为不断巩固提升搬迁脱贫质量和成效，实施了挂牌督战，聚焦重点环节提质增效，战"疫"战贫两手抓，多举措确保搬迁劳动力稳就业，纵深推进"五个体系"建设，启动安置住房不动产登记，高标准通过了国家验收。2020年12月，贵州出台《关于高质量推进易地扶贫搬迁后续扶持工作的意见》，向全社会释放后续扶持力度只增不减的明确信号，标志着贵州省易地扶贫搬迁全面进入后续扶持高质量推进的新阶段。贵州省委决定，在"十四五"时期将立足于易地扶贫搬迁后续扶持与乡村振兴、新型城镇化、社会治理体系和治理能力现代化的有效衔接，抓好集中安置区产业发展、就业帮扶和社区治理，确保实现"稳得住、有就业、逐步能致富"目标。持续提升易地扶贫搬迁产业配套水平，因地制宜统筹谋划一批产业项目，建立健全适合搬迁劳动力特点的产业体系，打造形成地方特色优势的产业集群，大力推进一二三产业融合，为搬迁劳动力稳定就业提供保障；持续提升社区治理体系和治理能力现代化水平，推进建立和完善适应安置区后续发展的社区治理服务体系；持续推进安置点搬迁群众社会融入，全面提升安置点搬迁群众的获得感、幸福感、安全感和满意度。

（四）聚焦脱贫目标，实施"五步工作法"①

一是出台政策文件。由贵州省委、省政府印发贵州省易地扶贫搬迁后续工作的指导意见和7个具体抓落实的实施意见。二是高规格会议部署。由省委组织召开"全省易地扶贫搬迁后续工作推进会"，全面启动和安排部署全省易地扶贫搬迁后续扶持工作。三是举办政策培训班。举办了3—4期省、市、县、乡、村五级易地扶贫搬迁干部政策培训班，全面提升履职尽责能力。四是建立联席和调度机制。修订和完善易地扶贫搬迁后续扶持工作联席和调度机制，进一步落实部门职责，建

---

① 政策设计、工作部署、干部培训、督促检查、追责问责。

立省市县三级横向到边纵向到底的系统工作机制。五是加强后续工作调研督导。开展全省易地扶贫搬迁后续扶持工作大调研,及时帮助地方发现和解决新情况新问题;严厉查处截留、挤占、挪用搬迁资金,或者非法侵占搬迁户利益等行为。

(五)强化宣传引导,凝聚工作能量

在中国,贫困问题往往与生态环境脆弱共生而成。"中国农村贫困人口大部分分布在 18 个集中连片特困地区,这些地区或者干旱缺水,或者地表水渗漏严重而无法利用,或者高寒阴冷、有效积温不足,或者山高坡陡、水土流失、灾害频繁。"①只有首先"摆脱"了意识和思路的"贫困",才能使所处的区域乃至整个国家"摆脱贫困",进而走上繁荣富裕之路②。为此,贵州省加强了工作中的思想引导工作,一是加强安置点搬迁群众感恩教育,进一步推广在搬迁户住房悬挂新旧照做法,对比今昔变化,感恩习近平总书记,感恩党中央,从而引导搬迁群众树立自力更生和艰苦奋斗意识。二是本着实事求是的原则,把全省各地涌现出来的有益经验总结好,先进典型宣传好,充分展示新时代易地扶贫迁及后续工作的成效,为全国脱贫攻坚积累经验,为后续工作凝聚强大能量。

第二节　贵州易地扶贫搬迁后续扶持
政策实施现状的分析工具

近年来,学界对于易地扶贫搬迁有很多研究成果,这些研究使用了人口迁移理论、可持续生计理论和获得感等理论工具。本书主要使用

---

① 李培林、王晓毅:《生态移民与发展转型——宁夏移民与扶贫研究》,社会科学文献出版社 2013 年版,第 1—2 页。

② 参见习近平:《摆脱贫困》,福建人民出版社 1992 年版,第 216 页。

政策分析,特别是分析政策执行情况和政策执行满意度。政策执行是将政策目标转化为政策实践的根本途径,是易地扶贫搬迁后续扶持政策的中心环节,并在整个易地扶贫搬迁中占有非常重要的地位。

一、易地扶贫搬迁有关理论

易地扶贫搬迁是指政府主导、群众自愿参与,有组织、有计划的人口流动形式,是把居住在"一方水土养不起一方人"①地方的农村建档立卡贫困人口搬迁到生存与发展条件较好的地方,从根本上改善其生产生活条件,进而帮助其实现脱贫致富的一种扶贫方式。其减贫机制是:政府以人口迁移的方式,帮助贫困人口改善外部资源环境、增强内生发展动力以及扩大收入来源等,从而实现减贫脱贫。实践证明,易地扶贫搬迁是最彻底、最有效的脱贫途径之一。在众多的理论当中,与移民搬迁较为契合的理论资源主要有人口迁移理论、政策执行理论、可持续生计理论、治理理论和多源流理论等。

（一）人口迁移理论

"人口迁移"(Population Migration)是指人口分布在地理空间位置上发生变动,这种变动往往导致人口由迁出地迁入一个新的长期性居住的地方。对于人口迁移的内涵,学界意见不一。多数学者接受的是《现代地理科学词典》所下的定义——"人口在两个地区之间的地理流动或者空间流动,这种流动通常会涉及永久性居住地由迁出地到迁入地的变化。"②这种迁移被称为永久性迁移,它不同于其他形式的、不涉

---

① 指:1. 生存环境差、人地矛盾突出、不具备基本生产生活条件的地方;2. 生态环境脆弱,限制或不宜开发的地方;3. 距城镇和交通干道较远,村寨规模小,基础设施和公共服务设施难以延伸的地方;4. 贫困发生率高,扶贫成本高的地方;5. 地质灾害多发、安全隐患较大的地方。

② 刘敏、方如康等:《现代地理科学词典》,科学出版社 2009 年版,第 632 页。

及永久性居住地变化的人口移动。

拉汶斯坦首次探索人口迁移规律,他把物理学理论引入"人口迁移法则",指出人类社会的人口迁移情况不仅与科学技术的发展有着非常密切的关系,而且与经济因素也有密切关系,在许多情况下,经济因素是人口流动的最主要原因。此后,西方许多学者分别从发展经济学、政治经济学、人口地理学等学科出发进一步提出了各自学科的人口迁移理论,比如"推拉理论"等。事实上,马克思、恩格斯对于人口迁移也有深入研究,他们认为人口流动或迁移的动因主要是社会分工和社会化大生产的发展。人口迁移理论不仅仅对人口迁移的含义、作用等有诸多贡献,它还探讨了人口迁移的影响因素、人口迁移对于环境所产生的影响以及环境对于人口迁移的影响等。

(二)可持续生计理论

可持续生计理论不仅是治理贫困的主要思维框架,还是反贫困实践中具有重要指导意义的一项工具。20世纪80年代末,世界环境和发展委员会的报告中首次提到了"可持续生计"概念。1992年召开的联合国环境和发展大会开始把这个概念引入联合国的行动议程,"主张把稳定的生计作为消除贫困的主要目标"。1995年,在哥本哈根举行的社会发展世界峰会以及北京第四届世界妇女大会则进一步强调了可持续生计对于减贫政策及发展计划的重要作用。

各方提出可持续生计框架的初衷在于:期盼推动发展工作者更多地从对象人群(如移民搬迁户)日常生产生活的角度来理解贫困问题,同时探索适合本地情况、充分利用本地资源、符合当地人意愿的解决方法,而不是一味依靠外来者通过带入大量资源来解决本地问题。20世纪七八十年代的发展项目尽管都倡导农户(或减贫对象、移民)的参与(即所谓的"参与式扶贫"),然而结果通常事与愿违。因为这些项目尚未有效地激发当地人的积极性、减少其依赖性,容易导致主要依赖外部资源,很容易造成流于形式的结果。换言之,从发展学的角度看,以前的多数发展和扶贫项目活动与帮扶对象(如移民)的切身生活、生产、社交等问题脱节,致使项目的好处被基层精英所俘获,而经常到不了最需要帮助的人手中。可持续生计提出的主要目的则是要回应上述的普遍性问题,力争能从整个制度层面上进行调整。

(三)获得感

2015 年 2 月 27 日,习近平总书记指出,要科学统筹各项改革任务,推出一批能叫得响、立得住、群众认可的硬招实招,把改革方案的含金量充分展示出来,让人民群众有更多获得感。"获得感"一词不仅由此迅速成为 2015 年度"十大流行语"之一,还成为学界高度关注的议题。①在获得感的内涵上,谭旭运认为,"获得感是民众在社会发展过程中对其需求满足过程和结果的主现认知、情感经验的综合反应,其心理内涵应能充分体现民众心理的共识性表征"①。洪业应运用社会学方法分析了在以物质和精神手段进行的脱贫攻坚背景下的农村贫困人口的获得感,认为"农村贫困人口的获得感是指农村贫困人口因参与精准扶贫而获得经济利益、政治利益、社会利益、心理利益和文化利益后所产生的具有相对稳定性的主观心理状态"②。②在测量获得感上,吕小康等人通过对获得感指标进行相关的操作,并在纵向和横向的相对比较中构成测量的维度,基于 CSS 数据,从"政府工作满意度、社会公正感、社会安全感及个人发展感"四个维度进行社会获得感整体的

---

① 谭旭运:《获得感》,社会科学文献出版社 2020 年版,第 4 页。
② 洪业应:《农村贫困人口的获得感:一个概念的社会学意义及其政策启示》,《重庆理工大学学报(社会科学版)》2020 年第 4 期。

测量①。③在获得感的提升上,有学者运用人口学特征、社会环境、制度政策、个体认知等影响因素来构建测量体系,得出应因地制宜地把贫困人口作为主体,引导他们走可持续脱贫道路②。有学者指出,提高全民获得感是一个较为漫长的过程,并提出需要从增加家庭收入、提升社会地位、促进政治参与、加强社会保障以及完善教育、医疗、住房保障、社会治理入手③。

二、社会政策有关理论

(一)社会政策

社会政策是指政府在一定价值立场的指导下,为了达到某些社会性目标而采取的各种社会行动的总和④。其目标是通过公平分配社会资源满足多数人的基本需要,从而促进社会问题的解决、社会稳定的加强、社会生活质量的提高;它追求促进人的全面发展和社会进步,而不是直接地促进经济发展。因此,可以说社会政策形成于国家对人和社会群体的需要的制度性回应,分析和规划社会政策,需要探析社会政策产生的需要基础及其与社会问题之间的关系。

要评价社会政策满足社会需要的情况,主要是看这个社会政策是否满足社会整合有序、社会和谐稳定以及社会发展的需要。通过社会政策的规划和实施,能够达到有效调节社会关系、规范社会行动、消除社会紧张,进而能够推动经济社会发展。

---

① 吕小康、黄妍:《如何测量"获得感"?——以中国社会状况综合调查(CSS)数据为例》,《西北师大学报(社会科学版)》2018 年第 5 期。

② 李丹、张苗苗:《西南民族地区贫困人口获得感从何而来?》,《财经问题研究》2018 年第 11 期。

③ 王恬、谭远发、付晓珊:《我国居民获得感的测量及其影响因素》,《财经科学》2018 年第 9 期。

④ 关信平:《社会政策概论》第 2 版,高等教育出版社 2009 年版,第 12 页。

(二)社会需要

个人的基本需要是"社会中的个体和整体社会为了维系其生存和发展而必须设法满足的各种条件"[①]。显然,对一个"社会人"来说,"基本需要"是保证最低生活水平需要,是其成为一个"社会人"的前提。当前,人的基本需要一般包括个人基本的收入需要、健康需要、就业需要、受教育的需要等。因为个人的基本需要如何并不完全决定于个体自身,它也受社会的影响,所以,个人的基本需要只具有相对意义,不应该把它绝对化。

在社会政策制定过程中,由于人们之间的各种需要既可能发生协同影响,也可能产生矛盾,在资源的有限性影响下,制定的社会政策就可能导致不同利益群体之间因为所获得的资源不同而出现冲突。在这个意义上,人的基本需要,是社会政策行动的基础;满足人的基本需要,则是社会政策的出发点和目标。社会政策总是要面对各种不同的需要,并统筹协调不同需要的满足。个人的需要决定了社会政策的发展方向和发展速度。因此,分析社会政策首先要明确界定人的需要。

第三节 贵州易地扶贫搬迁后续扶持
政策实施现状的调查方案

本书基于可持续生计分析框架,依据满意度理论,运用了问卷调查、访谈调查和实地调查三种调查方法。贵州有 900 多个易地扶贫搬迁安置点,本书课题组不可能也没有必要对每个安置点逐一进行观察和研究。为此,课题组在选择调查样本时采取了概率抽样、分层抽样和

---

① 关信平:《社会政策概论》第 2 版,高等教育出版社 2009 年版,第 67 页。

多级整群抽样方法进行抽样。首先以贵州易地扶贫搬迁安置点为调查对象,以贵州市州作为一级抽样单元,根据市州所辖县的多少确定2—3个县(市、区)作为二级抽样单元。然后,从每个县(市、区)随机抽取了3个安置点作为三级样本,在调研基础上,对贵州省易地扶贫搬迁后续扶持政策进行整体性介绍及简要分析。

一、调查研究思路

首先,基于可持续生计分析框架,通过描述性统计分析比较移民农户在后续扶贫政策前后的生计资本变化,探究贵州易地扶贫搬迁后续扶持政策给移民农户带来的效应;其次,依据满意度理论,运用路径分析法研究政策满意度的影响因素,确定会影响政策效果的主要因素,设计问卷,对移民农户就贵州易地扶贫搬迁后续扶持政策进行满意度调查;再次,利用聚类分析方法,对贵州易地扶贫搬迁后续扶持政策需求进行优先序分析,确定政策需求,并对政策需求的影响因素进行分析;最后,依据实证分析得出的移民对贵州目前易地扶贫搬迁后续扶持政策满意度的影响因素及未来政策需求影响因素,提出贵州易地扶贫搬迁后续扶持政策进一步完善的政策建议。

二、调查研究方法

在调查数据和资料的收集方面,为全面、准确地把握贵州易地扶贫搬迁后续扶持政策的现状、存在的问题及原因,本书综合运用了问卷调查、访谈调查和实地调查三种调查方法,并根据研究需要运用了文献分析法。

(一)问卷调查

在充分借鉴易地扶贫搬迁后续扶持政策现有研究成果的基础上,设计《贵州易地扶贫搬迁后续扶持政策执行情况调查问卷》和《贵州易地扶贫搬迁后续扶持政策满意度调查问卷》,分别用于调查安置点主要领导和安置点普通群众)。领导调查问卷主要从基本公共服务、群众培训与教育服务、文化服务、社区治理、基层党建、社会治安综合治理、土地资源盘活及收益分配七个方面调查贵州易地扶贫搬迁后续扶持政策实施情况。安置点普通群众调查问卷,主要是调查他们对后续扶持政策的满意度和意见建议。

（二）访谈调查

访谈法是质性研究中常用的资料收集方法,访谈调查是在发放问卷调查的基础上,选取部分安置点的领导和农民进行面对面的交谈。受访者都是居住在安置点的安置点搬迁群众和专职从事易地扶贫搬迁工作的基层干部。通过事先准备好访谈提纲,进行当面交流和访谈,全面了解他们关于政策的整体评价、典型案例、存在问题和意见建议等。

（三）实地调查

实地调查就是研究者深入所要研究对象的日常生活、社会活动等背景中,通过实际参与被研究对象的日常社会生活过程从而进行相应的观察和思考。主要调查访问以下几类群体:农民(已经搬迁上楼的安置区农民)、安置区的村干部和公务员,目的是获取贵州易地扶贫搬迁后续扶持政策实施对安置区农户的家庭生计资本的影响、安置区农户对后续扶持政策的实施满意度和政策需求。

（四）文献分析

文献分析法是通过查阅国内外有关易地扶贫搬迁,特别是易地扶贫搬迁后续扶持工作的研究文献,以易地扶贫搬迁后续扶持政策对农户家庭生计资本的影响作为本书切入点,运用可持续生计框架理论,揭示后续扶持工作应进一步完善的内容。文献主要包括政府统计数据、政府工作报告、年鉴、各类报道和信息等,这些数据从相应的官方网站或档案馆获得。

三、调查的抽样与数据分析

（一）样本抽样

本项调查主要采取了概率抽样、分层抽样和多级整群抽样方法。具体操作如下：首先以贵州易地扶贫搬迁安置点为调查对象，以贵州市州作为一级抽样单元，根据市州所辖县的多少确定遵义市和毕节市分别随机抽取 3 个县（市、区），六盘水市随机抽取 1 个县（市、区），其余 6 个市州分别随机抽取 2 个县（市、区），共 19 个二级抽样单元，再从每个县（市、区）随机抽取了 3 个安置点作为三级抽样单元，最终共抽取 57 个三级样本，具体情况见表 1-1。

表 1-1 贵州易地扶贫搬迁安置点调查样本表

一级样本	二级样本	三级样本
贵阳市	开阳县	蒋家寨安置点、马头寨安置小区、菜籽沟安置点
	清镇市	枫渔小区、戈家寨安置点、獐子坝安置点
六盘水市	盘州市	红果安置点、盘南园区安置点、盘北园区安置点
遵义市	凤冈县	凤翔社区、永和镇安置点、茶圣路安置点
	播州区	白龙安置点、遵金村安置点、朱家寨安置点
	余庆县	东部产城安置点、西部新城安置点、水厂安置点
安顺市	镇宁县	景宁小区、五里坪小区、沙子乡安置点
	平坝区	马田安置点、高峰安置点、大坝安置点
毕节市	威宁县	阳光新城、小康馨区、开华家园
	七星关区	柏杨林安置点、马场安置点、梨树安置点
	织金县	小木戛安置点、沙坝安置点、新桥安置点
铜仁市	石阡县	罗家寨安置点、甘溪乡安置点、平阳安置点
	碧江区	白岩溪安置点、矮屯安置点、正光安置点

一级样本	二级样本	三级样本
黔西南州	安龙县	钱相安置点、石丫口安置点、平桥水库安置点
	晴隆县	阿妹戚托安置点、老牛凹安置点、腾龙岭安置点
黔东南州	黎平县	干凉亭安置点、千秋榜安置点、何家庄安置点
	黄平县	槐花安置点、冷水河安置点、平溪安置点
黔南州	惠水县	龙泉安置点、岗度安置点、摆金安置点
	贵定县	阳光家园、枫林家园、福来家园

（二）数据收集

在正式的调查问卷发放前，课题组先向贵阳市的 3 个安置点发放 100 份问卷，在回收后对这 100 份问卷进行信度效度分析，并根据结果作了修改，然后再重新发放问卷。在确定调查对象之后，于 2020 年 9 月至 2021 年 5 月间前往上述 57 个安置点进行调查。调查分三部分：一是在每个安置点选取安置点的领导干部和工作人员共 3 人，请他们填写《贵州易地扶贫搬迁后续扶持政策执行情况调查问卷》，结果共发放问卷 171 份，回收 171 份，有效卷 171 份，问卷回收率和有效问卷率为 100%。二是在每个安置点随机抽取 60 个 18 岁以上群众，请他们填写①《贵州易地扶贫搬迁后续扶持政策实施满意度调查问卷》，结果共发放问卷 3420 份，回收 3408 份，剔除漏填和模糊的无效问卷 25 份，实际有效问卷 3383 份，有效卷率为 98.9%。三是实地走访安置点普通群众，先是在每个安置点随机选择 5 个群众，然后向他们核实安置点后续扶持政策的落实执行情况，确认《贵州易地扶贫搬迁后续扶持政策执行情况调查问卷》的信度，再根据《贵州易地扶贫搬迁后续扶持政策

---

① 对于表示年岁大和文化水平低不能填写的调查对象，由调查人员把问卷读给他们听，再帮助填写。

实施问题访谈提纲》向他们深度了解安置点建设中存在的问题。

（三）样本概况

在《贵州易地扶贫搬迁后续扶持政策执行情况调查问卷》回收并剔除无效卷后，课题组运用SPSS22.0对数据进行录入和统计分析，样本的基本人口统计特征见表1-2。从统计数据中可以看出，在易地扶贫搬迁安置区，男女性别比例为1∶2，年龄以50岁以上为主，文化程度、从事职业分布合理、村民年人均纯收入以5000—50000元为主，符合安置区常住人口现状，具有一定程度的代表性。由于问卷调查对象的安置点村民以老年人居多，所以为得到准确有效的调查数据，课题组在调查时主要通过问答的形式，互动完成问卷，同时也走访了部分村干部和相关工作人员了解情况。

表1-2　贵州易地扶贫搬迁安置点满意度调查样本描述

统计指标		数量	比例（%）	统计指标		数量	比例（%）
性别	1=男	1126	33.28	民族	1=汉族	1023	30.24
	2=女	2257	66.72		2=少数民族	2360	69.76
年龄	1=30岁及以下	186	5.50	目前的工作	1=公益岗位务工	1340	39.61
	2=31—40岁	359	10.61		2=社会岗位务工	1223	36.15
	3=41—50岁	767	22.67		3=务农	278	8.22
	4=51—60岁	995	29.41		4=自主创业	375	11.08
	5=61岁及以上	1076	31.81		5=其他	195	5.76
文化程度	1=小学及以下	1681	49.69	政治面貌	1=中共党员	261	7.72
	2=初中	1439	42.54		2=群众	3122	92.28
	3=高中	237	7.01	宗教信仰	1=无	2282	67.45
	4=大专及以上	26	0.77		2=有	1101	32.55

续表

统计指标		数量	比例（%）	统计指标		数量	比例（%）
家庭劳动力	1＝0 人	250	7.39	家庭规模	1＝1—2 人	539	15.93
	2＝1 人	1451	42.89		2＝3—4 人	1290	38.13
	3＝2 人	1312	38.78		3＝5—6 人	1404	41.50
	4＝3 人及以上	370	10.94		4＝7 人及以上	150	4.43
户月均收入	1＝1000 元及以下	348	10.29	户月均支出	1＝1000 元及以下	381	11.26
	2＝1001—2000 元	744	21.99		2＝1001—2000 元	1101	32.55
	3＝2001—3000 元	1089	32.19		3＝2001—3000 元	944	27.90
	4＝3001—4000 元	856	25.30		4＝3001—4000 元	448	13.24
	5＝4000 元以上	348	10.29		5＝4000 元以上	208	6.15

（四）数据分析

本书相关数据先通过问卷调查获得,然后利用SPSS22.0软件对数据进行分析。在研究中采用双重差分模型,分析贵州易地扶贫搬迁后续扶持政策对移民农户家庭生计资本的净效应;采用多元回归及路径分析方法,分析贵州易地扶贫搬迁后续扶持政策的满意度及其影响因素;采用聚类分析法,分析贵州易地扶贫搬迁后续扶持的政策需求,最后提出完善贵州易地扶贫搬迁后续扶持政策的建议和思考。主观指标数据来源于访谈结果。分析前期发放并回收的 100 份问卷的可靠性,信度系数值如表 1-3 所示,是 0.931,大于 0.9,说明问卷数据信度较高,可以用于易地扶贫搬迁安置点分析。

表 1-3　信度分析——Cronbach's 系数

Cronbach's Alpha	基于标准化项的 Cronbachs Alpha	项数
0.931	0.931	100

资料来源:基于 SPSS 分析所得。

对回收问卷的统计结果进行效度检验得到表 1-4,从表中可以看出,KMO 度量为 0.9302,大于 0.9,Bartlett 的球形的近似卡方值为 1108.881,达到 0.05 显著水平,表示相关数据取自正态分布,适合做因子分析。

表 1-4 效度分析——KMO 和 Bartlett 的检验

取样足够度的 Kaiser-Meyer-Olkin 度量		0.9302
Bartlett 的球形度检验	近似卡方	1108.881
	Df	464
	Sig	0.000

资料来源:基于 SPSS 分析所得。

第二章 贵州易地扶贫搬迁安置点基本公共服务政策实施研究

习近平总书记指出:"实现共同富裕的目标,首先要通过全国人民共同奋斗把'蛋糕'做大做好,然后通过合理的制度安排把'蛋糕'切好分好……完善公共服务政策制度体系,坚持尽力而为、量力而行,重在提升公共服务水平,在教育、医疗、养老、住房等人民群众最关心的领域精准提供基本公共服务。"①为全面贯彻落实习近平总书记的重要指示和中共中央办公厅、国务院办公厅印发的《中共中央国务院关于打赢脱贫攻坚战的决定》和《关于建立健全基本公共服务标准体系的指导意见》精神,贵州省结合城镇化集中安置的实际,制定了《关于加强和完善易地扶贫搬迁安置点基本公共服务体系的实施意见》,对进一步强化易地扶贫搬迁安置点基本公共服务和社区服务功能作出了规定。研究安置点基本公共服务实施给情况,分析其中存在的问题,提出改进的建议,对于提高贫困群众获得感、幸福感和安全感,进而对巩固易地扶贫搬迁成果具有非常重要的意义。本章主要是调查分析贵州易地扶贫搬迁社区基本公共服务的现状如何?在后续扶持实践过程中探索了

---

① 习近平:《正确认识和把握我国发展重大理论和实践问题》,《求是》2022 年第 10 期。

哪些有益做法？又面临着哪些现实困境？尝试着对易地扶贫搬迁安置点基本公共服务所存在的一些具有普遍意义的问题进行描述性概述。

第一节　安置点基本公共服务
政策实施的评价体系

为安置点搬迁群众提供公共服务,能够保证安置点全体社会成员均等地享受易地扶贫搬迁工作的成果。课题组根据现实所需对贵州《关于加强和完善易地扶贫搬迁安置点基本公共服务体系的实施意见》所包含的任务进行分解,设计了《贵州易地扶贫搬迁安置点基本公共服务政策实施情况评价体系》和《贵州易地扶贫搬迁安置点基本公共服务政策实施满意度测评指标体系》。

一、基本公共服务政策实施分析的核心概念

"十三五"规划纲要更进一步指出就业、教育、文化体育、社保、医疗、住房等公共服务体系更加健全,基本公共服务均等化水平稳步提高,要围绕标准化、均等化、法治化,加快健全国家基本公共服务制度,完善基本公共服务体系。2017 年,党的十九大报告明确指出,我国社会主要矛盾已转化为"人民日益增长的美好生活需要和不平衡不充分的发展之间的矛盾"。而解决此问题的办法之一,则是加快推进基本公共服务均等化,到2035 年基本实现基本公共服务均等化。

（一）公共服务

"公共服务"的概念自从 20 世纪初由法国学者莱昂·狄骥首次提出来以后,在理论界和政府都没有形成一个统一的、准确的定义。对公共服务的内涵,莱昂·狄骥认为它是由政府来加以规范和控制的活动。

刘尚希根据政府服务的性质阐释公共服务的内涵,认为它是指政府促进居民服务平等化而进行的一系列公共行为。总的来看,公共服务概念的界定分广义公共服务和狭义公共服务,广义公共服务既包括基础设施、水电气等物质性的公共产品,又包括政策、秩序和社会保障等非物质形态的公共服务;狭义公共服务是由政府提供的无形服务。界定的角度分为两种类型,一是根据政府服务的性质,把公共服务界定为政府提供的为群众均等享有的公共物品;二是基于政府服务的宗旨,把公共服务界定为政府为实现社会公共利益为而进行的活动。

公共服务是一个涵盖内容非常广泛的体系,不仅包括公共基础设施建设,创造劳动就业岗位,完善社会保险保障和社会养老福利等体系,而且包括教育、科技等公共事业的发展,更包括宏观调控、市场监管、发布公共信息等。2012 年国务院颁布的《国家基本公共服务体系规划》,正式明确我国的公共服务体系 8 个涵盖 44 类 80 个基本公共服务项目的领域。2018 年 7 月印发的《国务院工作规则》明确强调:"要完善公共政策,健全政府主导、社会参与、全民覆盖、普惠共享、城乡一体、可持续的基本公共服务体系,增强基本公共服务能力,加快推进基本公共服务均等化。"①在贵州易地扶贫搬迁后续扶持政策中,公共服务包括四大类:一是基础性的公共服务,如基础设施、水、电、公路、电信等;二是经济性的公共服务,如规划与计划的制定、规范的监督、宏观调控、资金的动员与分配等;三是社会性的公共服务,包括教育、卫生、科技、文化、人口等;四是安全性的公共服务,如警察、消防等,用以维护整个社会安全与稳定。通过提供公共服务,使全体社会成员都能够均等地享受发展和改革的成果。

---

① 《国务院工作规则》,《人民日报》2018 年 7 月 6 日。

表 2-1　学界关于公共服务界定的比较

学者	具体观点
莱昂·狄骥	任何因其与社会团结的现实与促进不可分割而必须由政府来加以规范和控制的活动,就是一项公共服务,只要它具有除非通过政府干预,否则便不能得到保障的特征①
马庆钰	公共服务是由法律授权的政府和非政府公共组织以及有关工商企业在纯粹公共物品、混合性公共物品以及特殊私人物品的生产和供给中所承担的职责②
王琳、漆国生	公共服务是政府及其公共行政人员以实现社会公共利益为根本目标而从事的一系列行为和活动
刘尚希	公共服务是指政府利用公共权力或公共资源,为促进居民基本消费的平等化,通过分担居民消费风险而进行的一系列公共行为③
朱逢春	公共服务是指政府提供的无形服务,具体指以一定的信息、技术或劳务等服务的形式表现出来的一种公共事务④

(二)基本公共服务

《全国"十三五"推进基本公共服务均等化规划》⑤,把基本公共服务界定为群众提供的住房、教育、医疗、就业、社保等服务。《国家基本公共服务标准(2021 年版)》⑥中,基本公共服务包括幼有所育、学有所教、劳有所得、病有所医等 9 个方面。本书中,易地扶贫搬迁安置点基本公共服务的界定依据贵州《关于加强和完善易地扶贫搬迁安置点基

---

① 〔法〕莱昂·狄骥:《公法的变迁:法律与国家》,郑戈、冷静译,辽海出版社 1999 年版,第 53 页。

② 马庆钰:《公共服务的几个基本理论问题》,《中共中央党校学报》2005 年第 1 期。

③ 刘尚希:《基本公共服务均等化:现实要求和政策路径》,《浙江经济》2007 年第 13 期。

④ 朱逢春:《乡镇政府公共服务能力:缺失表现与提升路径》,《内蒙古农业大学学报(社会科学版)》2011 年第 4 期。

⑤ 《全国"十三五"推进基本公共服务均等化规划》,http://www.gov.cn/zhengce/content/2017-03/01/content_5172013.html。

⑥ 国家发展改革委:《关于印发〈国家基本公共服务标准(2021 年版)〉的通知》,(2021-04-20),https://www.ndrc.gov.cn/xwdt/tzgg/202104/t20210420_1276842.html?code=&state=123。

本公共服务体系的实施意见》,即在广义基础上使用公共服务,既包括旨在保障全体安置点搬迁群众生存和发展所需要的公共教育、医疗卫生、社会保障、社区服务等"六大要素"中的物质形态的产品,又包括非物质形态的服务①。

表2-2 基本公共服务外延的比较

文件	基本公共服务的外延
《全国"十三五"推进基本公共服务均等化规划》	基本公共教育、基本劳动就业创业、基本社会保险、基本医疗卫生、基本社会服务、基本住房保障、基本公共文化体育、残疾人基本公共服务,共8项
《国家基本公共服务标准(2021年版)》	幼有所育、学有所教、劳有所得、病有所医、老有所养、住有所居、弱有所扶、优军服务保障、文体服务保障,共9项
贵州《关于加强和完善易地扶贫搬迁安置点基本公共服务体系的实施意见》	公共教育、医疗卫生、社会保障、户籍管理、社区综合服务、便民利民服务,共6项

二、基本公共服务政策实施分析的指标体系

(一)基本公共服务政策实施情况评价体系

在本书中,根据现实所需对贵州《关于加强和完善易地扶贫搬迁安置点基本公共服务体系的实施意见》所包含的任务进行分解,并将其设计为环环相扣、由大到小的一级、二级、三级指标体系。需要说明的是,在本次问卷调查设计中,安置点基本公共服务体系的评判,是通过受访者对后续扶持政策执行的"客观事实的量化过程"得以实现的,这一过程尽管是主体评判,但也是一个客观量化过程。

贵州易地扶贫搬迁安置点基本公共服务政策实施情况评价体系的

---

① 参见《贵州省易地扶贫搬迁基本公共服务标准体系》。

设计主要是基于贵州《关于加强和完善易地扶贫搬迁安置点基本公共服务体系的实施意见》,同时也参考了《贵州省易地扶贫搬迁基本公共服务标准体系》和《全国"十三五"推进基本公共服务均等化规划》,形式是总加量表,肯定回答得 1 分,否定回答得 0 分,适用于对安置点或其主要领导的调查。为了增强调查数据的准确性,课题组在每个点选择 3 个对象,请其填写匿名问卷,收集时把三份问卷放一起。统计时核对三份问卷对某项目的回答是否一致。具体如表 2-3 所示。

表 2-3　贵州易地扶贫搬迁安置点基本公共服务政策实施情况评价指标体系

一级指标	二级指标	三级指标
1. 基本公共教育	1. 教育配套设施完善	(1)能根据安置点搬迁群众子女的就学需求布局教育资源
		(2)按照就近入学原则做好转学衔接工作,让搬迁群众子女及时入学
		(3)与安置点同步配套建设了教育项目
	2. 师资力量配备满足要求	(1)县(市、区)以引进、招考等方式统筹调配安置点教师
		(2)按照"编随事走"的原则,保障安置地师资编制
	3. 就学服务工作完善	(1)严格履行控辍保学责任,不让一个学生辍学
		(2)搬迁群众子女较为集中的学校,可对有需要的学生进行免费托管
		(3)对承担托管的教师可给予适当补助
2. 基本医疗卫生	4. 卫生服务机构建设合理	(1)根据服务半径、地理条件等因素,配套建设医疗机构
		(2)按相关标准配置医疗设备
	5. 医务人员配备合理	结合行业标准和社区实际,合理安排配备医务人员
	6. 医疗卫生服务质优、便捷	(1)定期组织县级医疗服务机构骨干到安置点医疗机构开展业务指导
		(2)对罹患大病的贫困人口建立台账,实行动态管理和监测
		(3)搬迁贫困人口在安置地县域内定点医院住院实行先诊疗后付费
		(4)实施生育登记跟踪服务,简化办证服务流程

一级指标	二级指标	三级指标
3. 基本社会保障	7. 社会保障及时衔接	(1)做好各类社会保障政策的转移接续,确保所有搬迁群众应保尽保
		(2)只要符合政策条件的,都可按安置地标准纳入城市低保
		(3)搬迁群众脱贫后收入水平仍低于低保标准的,继续享受低保政策
	8. 困难群众救助体系已建立	(1)对遭遇突发事件的搬迁困难家庭,由迁入地民政部门给予临时救助
		(2)确保搬迁特困人员享受到全方位托底救助供养服务
4. 户籍管理	9. 有序引导户籍转移	(1)在保持搬迁群众惠农政策权益前提下,引导搬迁群众落户安置地
		(2)暂未迁移户籍的安置群众,享有安置地同等基本公共服务
	10. 提高管理服务及时高效	(1)搬迁群众可就近选择迁出地或安置地公安派出所申办户籍业务
		(2)实现搬迁群众办理户籍业务"只跑一次"
5. 社区综合服务	11. 社区综合服务设施健全	(1)社区服务中心(站),设置社区办公阵地和服务场所
		(2)社区服务中心(站)开设了户籍、就业、就学、就医、社保等公共服务窗口,提供"一站式"服务
		(3)社区建设的新时代文明实践中心有图书室、广播室等宣传教育载体
		(4)建设了满足社区居民文体休闲娱乐需求的文体活动中心
		(5)建设了为空巢老人、留守老人、高龄老人等服务的老年服务中心
		(6)建设儿童活动中心为儿童提供集中活动场所
		(7)建成综治中心、调解室、警务室、微型消防站和防灾避难场所等
		(8)社区殡葬服务设施满足搬迁群众的基本殡葬服务需求
	12. 社区服务体系信息化	(1)统筹县直、乡(镇、街道)及社区(村)有关人员进驻提供公共服务
		(2)加强安置点基本公共服务信息化建设,实现数据共享

一级指标	二级指标	三级指标
6. 便民利民服务	13. 生活服务	(1)发展居民购物、餐饮、维修、美容美发、资源回收等生活服务
		(2)合理配置搬迁群众办理"红白喜事"场所,方便婚丧嫁娶
		(3)通过优化调整或新增公交线路的方式,方便搬迁群众出行
	14. 物业服务	(1)具备公共区域卫生保洁、绿化养护及公共设施维修等物业服务
		(2)搬迁群众按照规定缴纳物业管理费用
	15. 社会工作和志愿互助服务	(1)设立了提供精神慰藉、关系调适、社会融入等服务社会工作站(室)
		(2)设立了提供家政、文体保健、交通宣教等服务的志愿服务站点
		(3)引导和鼓励搬迁群众开展各种形式的互助活动和志愿服务

(二)基本公共服务政策实施满意度测评指标体系

借助"社会认知理论""资源配置理论"视角,运用社会学方法,对贵州易地扶贫搬迁后续扶持政策给安置点搬迁群众带来的"获得感"进行测量,无疑具有重要价值。本书通过参考已有的研究成果,结合贫困户退出贫困系统的相关标准,尝试具体针对安置点搬迁群众"获得感"进行量化,建立一个"五位一体"的指标测量体系,即构建起以"6个一级指标,15个二级指标,15个三级指标"为度量工具,以问卷抽样调查数据为实证支撑的指标测量体系,通过数据测量来获取精准脱贫人口的客观"获得感"程度及真实情况,以期在寻找差距的基础上提出可行的政策建议及发展思路。

本书中的基本公共服务政策实施满意度指标体系,是按照客观和主观相结合的原则,在对客观指标体系分析的基础上设计出来的。本指标体系的设计主要是基于贵州《关于加强和完善易地扶贫搬迁安置点基本公共服务体系的实施意见》,同时也参考了贵州《关于加强和完善易地扶贫搬迁安置点基本公共服务体系的实施意见》和《全国"十三五"推进基本公共服务均等化规划》,形式是李克特量表,非常满意得5分、比较满意得4分、一般得3分、不太满意得2分、很不满意得1分。本表适用于对安置点普通群众的调查。为了准确测评群众对基本公共服务政策实施的满意度,我们主要选取20岁以上群众进行调查。贵州易地扶贫搬迁安置点基本公共服务政策实施满意度测评指标体系如表2-4所示:

表2-4　贵州易地扶贫搬迁安置点基本公共服务政策实施满意度测评指标体系

1. 基本公共教育	1. 教育配套设施完善	1. 你对安置点群众子女就学情况满意吗
	2. 师资力量配备满足要求	2. 你对安置地学校师资力量满意吗
	3. 就学服务工作完善	3. 你对安置点学校开展的辅导作业、自主阅读、体育锻炼等活动满意吗
2. 基本医疗卫生	4. 医疗卫生服务机构建设合理配套	4. 你对社区医疗机构的诊断室、治疗室、观察室、药房满意吗
	5. 医务人员配备合理	5. 你对安置点卫生技术人员的执业水平满意吗
	6. 医疗卫生服务价廉、质优、便捷	6. 你对安置点医院提供的服务价格和品质满意吗
3. 基本社会保障	7. 社会保障及时衔接	7. 你对搬迁群众的社会保障情况满意吗
	8. 搬迁困难群众救助体系已经建立	8. 你对搬迁特困人员全方位托底救助供养服务满意吗
4. 户籍管理	9. 有序引导户籍转移	9. 你对搬迁群众的户籍落户于安置地或办理"易地扶贫搬迁市民证"满意吗
	10. 提供管理服务及时高效	10. 你对安置点提供的申办出生、死亡、迁出、迁入等户籍业务满意吗

续表

5. 社区综合服务	11. 社区综合服务设施健全	11. 你对安置点建设的社区服务中心（站）、新时代文明实践中心、文体活动中心、老年服务中心、儿童活动中心、公共安全服务中心、社区殡葬服务设施满意吗
	12. 社区服务体系信息化	12. 你对社区推行的"一站式"办理、上门办理、预约办理等服务方式满意吗
6. 便民利民服务	13. 生活服务便利	13. 你对安置点内的购物、餐饮、维修、美容美发、洗衣、家政、物流配送和再生资源回收等生活服务满意吗
	14. 物业服务优惠	14. 你对安置点卫生保洁、绿化养护、水电、门窗、家用电器及公共设施维修等物业服务满意吗
	15. 设立志愿服务站点	15. 你对安置点内的家政、文体活动、心理疏导、医疗保健、法律服务、交通安全宣传教育等志愿服务满意吗

第二节　安置点基本公共服务政策实施情况分析

2019 年以来，为了让安置点搬迁群众"稳得住、能就业"，贵州省出台了《关于加强和完善易地扶贫搬迁安置点基本公共服务体系的实施意见》，要求教育、卫生、民政、商务、人社、公安等部门，齐抓共管，解决安置点搬迁群众的医疗报销、子女入学、就业培训等问题。为此，各安置点要通过建立完善主体多元、设施配套、功能完善、队伍健全、机制合理的安置点社区服务体系，以增强安置点搬迁群众获得感、幸福感和安全感。

一、基本公共教育配套设施实现覆盖

2018 年 11 月国务院发布的《关于学前教育深化改革规范发展的若干意见》中指出，儿童的学前教育是我国整个教育体系的短板，存在的主要问题是"入园难""入园贵"。然而，在全省各方的共同努力下，这个问题得到较好解决。如表 2-5 所示，安置群众的子女实现了义务教育阶段应学尽学，实现了幼有所育、学有所教。贵州在实施易地扶贫搬迁过程中，根据就学需求在安置点或其附近配套修建扩建了幼儿园和小学，解决了安置群众搬迁前因交通不便而导致的入学困难问题。同时，贵州还针对安置点困难家庭儿童扩大了普惠性教育资源供给和补助，从而消除了其"入园贵""入学贵"的顾虑，从根本上杜绝了因贫失学的现象。

据进一步了解，安置点的儿童都享受学前教育免（补助）保教费和免课本费，义务教育享受"两免一补"（即为学校学生免除学杂费、免费提供教科书和家庭经济困难寄宿生补助生活费），安置点义务教育巩固率为 100%，没有一个搬迁群众子女失学辍学。从表 2-5 中也可以看出，贵州易地扶贫搬迁安置点的基本公共教育水平达到了贵州省的指标标准，教育服务更加公平地惠及每个学生，更多的农村孩子享受到了更好更公平的教育。

表 2-5　贵州易地扶贫搬迁安置点基本公共教育政策实施情况

一级指标	二级指标	三级指标	频数	占比（%）
1. 基本公共教育	1. 教育配套设施完善	（1）能根据安置点搬迁群众子女的就学需求布局教育资源	171	100.00
		（2）按照就近入学原则做好转学衔接工作，让搬迁群众子女及时入学	171	100.00
		（3）与安置点同步配套建设了教育项目	171	100.00
	2. 师资力量配备满足要求	（1）县（市、区）以引进、招考等方式统筹调配安置点教师	129	75.44
		（2）按照"编随事走"的原则，保障安置地师资编制	111	64.91
	3. 就学服务工作完善	（1）严格履行控辍保学责任，不让一个学生辍学	171	100.00
		（2）搬迁群众子女较为集中的学校，可对有需要的学生进行免费托管	39	22.81

二、基本医疗卫生服务条件明显改善

调查发现,贵州易地扶贫搬迁安置点的卫生医疗服务实现了全覆盖,能够确保安置点搬迁群众实现就近就地就医。73.68%的安置点能够按照《贵州省易地扶贫搬迁基本公共服务标准体系》,为医疗卫生室建设配套的独立的诊断室、治疗室、观察室、药房,54.39%的安置点医疗机构配备有相应的执业资格医护人员2—6人,床位有2—4张。具体如表2-6所示。这些能满足群众日常看病需要。但是从表2-6可以看到,县级医疗服务机构骨干定期组织到安置点医疗机构开展业务指导的比例不高,只有33.33%,低于贵州省的指标标准。这说明安置点医疗卫生水平整体偏低,应该在满足群众日常医疗卫生需求的基础上,逐步提高医疗卫生服务水平。

为帮助安置点搬迁群众解决看病难和看病贵的问题,贵州制定了《“先诊疗、后付费”诊疗服务模式工作实施方案》,允许符合条件易地扶贫搬迁安置点患者在住院时,凭有关身份证件就可以办理住院手续,无须缴纳住院押金就能看病;允许在县医院住院的患者在只缴纳基本医疗保险的起付标准金额,在乡镇卫生院住院的患者无须缴纳任何费用的情况下即可进入病房接受治疗。患者出院结算时,只需按照医保报销比例结清自负费用。对符合条件的大病患者,采取让其把医保报销后的剩余部分按规定前往保险公司和民政窗口直报,这些政策措施有效解决了安置点搬迁群众大病报销难问题。当然,也发现搬迁群众在安置地县域内定点医院住院实行先诊疗后付费的落实率不高,只有31.58%。

表 2-6　贵州易地扶贫搬迁安置点基本医疗卫生政策实施情况

一级指标	二级指标	三级指标	频数	占比（％）
2. 基本医疗卫生	4. 卫生服务机构建设合理	（1）根据服务半径、地理条件等因素,配套建设医疗机构	171	100.00
		（2）按相关标准配置医疗设备	126	73.68
	5. 医务人员配备合理	结合行业标准和社区实际,合理安排配备医务人员	93	54.39
	6. 医疗卫生服务质优、便捷	（1）定期组织县级医疗服务机构骨干到安置点医疗机构开展业务指导	57	33.33
		（2）对罹患大病的贫困人口建立台账,实行动态管理和监测	171	100.00
		（3）搬迁贫困人口在安置地县域内定点医院住院实行先诊疗后付费	54	31.58

三、基本社会保障体系已经基本建立

贵州《关于加强和完善易地扶贫搬迁安置点基本公共服务体系的实施意见》规定,贵州易地扶贫搬迁安置点全力实施全民参保计划,按照"群众自愿选择"原则,做好各类社会保障政策的转移接续,完善城乡居民基本养老保险、大病保险、失业保险等制度,稳步提高参保率,努力实现法定人员参险全覆盖。调查发现,安置点搬迁群众迁入城镇居住后,已按程序完成安置地城市低保转接手续,安置点基本养老保险参保率和城乡居民基本医疗保险参保率都达到 100％,城乡居民基本医疗保险整合工作已基本完成,人员、编制已确定;城乡居民基本医疗保险数据采集入库已导入互联网采集系统。贵州易地扶贫搬迁安置点的基本社会保障水平基本达到贵州省的指标标准。

调查发现,贵州易地扶贫搬迁安置点最低生活保障覆盖率虽然达到 100％,高于贵州省平均水平,但在确保搬迁特困人员享受到全方位

托底救助供养服务方面,存在一些差距,实现率为84.21%。因为到户到人惠民政策中基本保障的政策内容包括:农村低保补助、残疾人员救助、重度残疾人托养补贴、孤儿救助、特困供养人员救助、城乡居民基本养老金、高龄补贴、丧葬补助、易地扶贫搬迁,基本涵盖了从搬迁前到搬迁后的整个过程。整体看来,搬迁困难群众救助体系已经建立,保障了村民能搬得出、稳得住,如表2-7所示。

表2-7　贵州易地扶贫搬迁安置点基本社会保障政策实施情况

一级指标	二级指标	三级指标	频数	占比（%）
3. 基本社会保障	7. 社会保障及时衔接	（1）做好各类社会保障政策的转移接续,确保所有搬迁群众应保尽保	171	100.00
		（2）只要符合政策条件的,都可按安置地标准纳入城市低保	171	100.00
		（3）搬迁群众脱贫后收入水平仍低于低保标准的,继续享受低保政策	171	100.00
	8. 困难群众救助体系已建立	（1）对遭遇突发事件的搬迁困难家庭,由迁入地民政部门给予临时救助	171	100.00
		（2）确保搬迁特困人员受到全方位托底救助供养服务	144	84.21

四、相当部分群众没有完成户籍转移

贵州颁布的《关于加强和完善易地扶贫搬迁安置点基本公共服务体系的实施意见》要求,应该在保持安置群众在迁出地的土地、林地、集体收益等方面权益不变的条件下,本着自愿原则,积极引导安置群众把户籍转移到安置地。调查发现,只有50.88%的安置群众完全能够在保持原有土地承包权、林地承包权、集体收益分配权和其他惠农政策权益不变的前提下,转移户籍或办理"易地扶贫搬迁市民证",落户安置地。走访发现,安置区群众暂时没有完成户籍迁移或居住证办理工作的主要原因是担心其在迁出地的权益会受到影响。

表 2-8　贵州易地扶贫搬迁安置点户籍管理政策实施情况

一级指标	二级指标	三级指标	频数	占比（%）
4. 户籍管理	9. 有序引导户籍转移	(1)在保持搬迁群众惠农政策权益前提下,引导搬迁群众落户安置地	87	50.88
		(2)暂未迁移户籍的安置群众,享有安置地同等基本公共服务	171	100.00
	10. 提供管理服务及时高效	(1)搬迁群众可就近选择迁出地或安置地公安派出所申办户籍业务	171	100.00
		(2)实现搬迁群众办理户籍业务"只跑一次"	153	89.47

五、社区综合服务设施建设比较齐全

按照贵州《关于加强和完善易地扶贫搬迁安置点基本公共服务体系的实施意见》规定,安置点的社区综合服务设施应坚持一室多能、一室多用、避免重复等建设原则,建设社区服务中心(站)、新时代文明实践中心、文体活动中心、老年服务中心、儿童活动中心、公共安全服务中心以及社区殡葬服务设施。调查发现,集中安置区综合服务中心(站)已100%设立,实现综合服务全覆盖。所有安置点都根据安置点人口规模,以新建、改造、购买、项目配套和整合共享等形式,建立了不同规模的社区综合服务设施。但也发现,有56.14%的安置点因为各种原因导致老年服务设施配套建设不够齐全,部分安置点的社区服务体系信息化也有待进一步完善。具体如表2-9所示。

表 2-9　贵州易地扶贫搬迁安置点社区综合服务政策实施情况

一级指标	二级指标	三级指标	频数	占比（%）
5. 社区综合服务	11. 社区综合服务设施健全	(1)社区服务中心(站)，设置社区办公阵地和服务场所	171	100.00
		(2)社区服务中心(站)开设了户籍、就业、就学、就医、社保等公共服务窗口，提供"一站式"服务	171	100.00
		(3)社区建设的新时代文明实践中心有图书室、广播室等宣传教育载体	147	85.96
		(4)建设了满足社区居民文体休闲娱乐需求的文体活动中心	133	77.78
		(5)建设了为空巢老人、留守老人、高龄老人等服务的老年服务中心	96	56.14
		(6)建设儿童活动中心为儿童提供集中活动场所	129	75.44
		(7)建成综治中心、调解室、警务室、微型消防站和防灾避难场所等	141	82.46
		(8)社区殡葬服务设施满足搬迁群众的基本殡葬服务需求	171	100.00
	12. 社区服务体系信息化	(1)统筹县直、乡(镇、街道)及社区(村)有关人员进驻提供公共服务	105	61.40
		(2)加强安置点基本公共服务信息化建设，实现数据共享	114	66.67

六、便民利民服务设施功能基本完善

调查发现，贵州易地扶贫搬迁安置点都能按照贵州《关于加强和完善易地扶贫搬迁安置点基本公共服务体系的实施意见》要求推进"社区 15 分钟服务圈"项目建设，能够在着力盘活门面、商铺等安置点资源的同时，积极采取措施鼓励和支持各类组织、企业和安置点搬迁群众个人在安置点兴办居民服务业，帮助安置点优化和完善社区服务网络。所有的安置点不仅能够为安置群众提供购物、餐饮、维修、美容美发、物流配送和资源回收等服务,而且配置了办理"红白喜事"场所、开展各种形式的互助活动和志愿服务等,也有 73.68% 的安置点通过优化调整或新增公交线路的方式,方便安置点搬迁群众出行。但是,只有 31.58% 和 49.12% 的安置点按照要求分别设立了社会工作服务站(室)以及设立志愿服务站点。而且,文化体育设施的使用率较低,村民在闲暇时间并不是去公共图书室阅览或体育场地锻炼。

表 2-10　贵州易地扶贫搬迁安置点便民利民服务政策实施情况

一级指标	二级指标	三级指标	频数	占比（%）
6. 便民利民服务	13. 生活服务	(1)发展居民购物、餐饮、维修、美容美发、资源回收等生活服务	171	100.00
		(2)合理配置搬迁群众办理"红白喜事"场所,方便婚丧嫁娶	171	100.00
		(3)通过优化调整或新增公交线路的方式,方便搬迁群众出行	126	73.68
	14. 物业服务	(1)具备公共区域卫生保洁、绿化养护及公共设施维修等物业服务	117	68.42
		(2)搬迁群众按照规定缴纳物业管理费用	99	57.89
	15. 社会工作和志愿互助服务	(1)设立了提供精神慰藉、关系调适、社会融入等服务社会工作站(室)	54	31.58
		(2)设立了提供家政、文体保健、交通宣教等服务的志愿服务站点	84	49.12
		(3)引导和鼓励搬迁群众开展各种形式的互助活动和志愿服务	171	100.00

第三节　安置点基本公共服务政策
实施的满意度分析

习近平总书记指出,低收入群体是促进共同富裕的重点帮扶保障人群。要加大普惠性人力资本投入,有效减轻困难家庭教育负担,提高低收入群众子女受教育水平。[1] 近年来,贵州在推动易地扶贫搬迁安置点实现基本公共服务均等化上做了大量工作,在切实解决安置点搬迁群众最迫切需要解决的公共教育、医疗卫生、社会保障等问题上取得了巨大成绩。安置点搬迁群众对就学、就医和社会保障基本公共服务表示了较高认可度,但也发现在教育师资力量、卫生服务水平、社会保障参保等方面存在一些问题。

一、公共教育师资力量有待加强

(一)对教学设施比较满意

贵州易地扶贫搬迁安置点幼儿园与小学是全覆盖的,修建位置基本处于安置点中心,与村支部、村委会相邻或距离较近,从表2-11中可以看出,安置点搬迁群众对子女上学表示非常满意、比较满意和满意的分别是28.44%、40.08%和26.78%,满意度是95.30%。其中原因是,相对于迁出地的学校,安置点的学校离家比较近,上学非常方便,教学设施较好。

(二)学校师资力量薄弱

对于安置点学校的师资,安置点搬迁群众表示满意的是81.08%。这说明安置点搬迁群众对对子女就学条件是认可的,但对师资条件相对不太认可。贵州安置点都配套了幼儿园和小学,教学条件与设施也比较完善,位置在村委会旁边或相隔不远,相较于原来,现今村民的子女上学很方便,距离近且条件好,但是不足之处在于缺少教师。调查得知,其原因是多方面的:一是安置点现有的教师多为原居住地或就近乡级村级学校的教师,因为原来外出学习机会少,教育教学理念比较落

---

① 习近平:《实现共同富裕》,《求是》2021年第20期。

后,缺乏灵活多变的现代教学思维。二是安置点的教学环境与生活环境相对于原来的偏远的山村小学有了较大改善,但与县城、市区相比还是有一定差距,优秀的教师人才不愿意来安置点教学。三是安置点教学机构多为新建,没有配备齐全专业教师,尤其缺乏美术、音乐、体育、心理健康等学科的专业教师。

（三）教育教学服务质量偏低

按照国家基本公共服务均等化的要求,义务教育应该促进学生的全面发展,因此需要增加更多的课程,使义务教育阶段的课程体系逐渐完善,提供更多更好的教育教学服务。对于安置区开展的教育服务,有15.19%和9.37%的群众分别表示不太满意和很不满意。究其原因:一是由于安置点学校美术、音乐、体育、心理健康等专业教师仍然缺乏,部分教师往往是身兼数职,出现一名教师教授多门课程的现象。二是教育服务支出没减反增,因为家长对教育的重视导致在子女教育方面增加投入。三是安置点社会情况复杂,担心小孩上学和放学的安全,但又因为家长需要工作,没有时间接送,因而需要学校或安置点提供托管服务。

表 2-11 贵州易地扶贫搬迁安置点基本公共教育满意度情况表

三级指标	非常满意	占比（%）	比较满意	占比（%）	满意	占比（%）	不太满意	占比（%）	很不满意	占比（%）	满意度（%）
1. 你对安置点搬迁群众子女就学情况满意吗	962	28.44	1356	40.08	906	26.78	132	3.90	27	0.80	95.30
2. 你对安置地学校师资力量满意吗	650	19.21	1112	32.87	981	29.00	479	14.16	161	4.76	81.08
3. 你对安置点学校开展的辅导作业、自主阅读、体育锻炼等活动满意吗	620	18.33	940	27.79	992	29.32	514	15.19	317	9.37	75.44

二、医疗卫生人员服务水平较低

(一)基本医疗设施普遍满意

安置点的卫生室是全覆盖的,部分依托乡镇的安置点有卫生院,基本能满足村民的就医需求。表 2-12 显示,对安置点医疗机构的基础设施建设表示非常满意和比较满意的分别达到 26.22% 和 32.46%,远超过不太满意和很不满意的占比。对个别医生访谈发现,安置点医疗设施并不齐全:究其原因,是因为安置点的投资建设主要是以上级政府的财政投入为支撑,在政策执行中,易地搬迁安置经费由中央和地方承担大部分,这种方式导致安置区基本医疗服务的投入是项目式阶段性的,对安置区日常的医疗卫生服务的投入少,在建成卫生室、卫生院后对后期的管理很少进行完善。此外,还因为许多群众有大一点的病往往到县医院看,他们去安置点卫生室只是买常规的非处方药药品,或者治疗一些头疼感冒的小病,所以认为安置点的医疗设施与水平基本能解决日常的看病问题。

(二)医务人员医疗水平较低

调查发现,对于卫生技术人员的职业水平和服务品质,安置点群众的满意度分别是 75.84% 和 67.19%。这说明医疗服务质量有很大的提升空间。究其原因:一是部分安置点的卫生室缺少专业全职医师,对一些疑难病症不能诊治,有的村民去卫生室基本上只是买药品。二是有的安置点医务室位于市郊比较偏僻的位置,其环境使卫生室很难吸纳医护人才进来,进而导致医务人员的整体服务水平偏低。

表 2-12　贵州易地扶贫搬迁安置点基本医疗卫生满意度情况表

三级指标	非常满意	占比（%）	比较满意	占比（%）	满意	占比（%）	不太满意	占比（%）	很不满意	占比（%）	满意度（%）
4. 你对社区医疗机构的诊断室、治疗室、观察室、药房满意吗	887	26.22	1098	32.46	1192	35.23	150	4.43	56	1.66	93.91
5. 你对安置点卫生技术人员的执业水平满意吗	656	19.39	762	22.52	1148	33.93	306	9.05	511	15.10	75.84
6. 你对安置点医院提供的服务品质满意吗	550	16.26	586	17.32	1137	33.61	503	14.87	607	17.94	67.19

三、社会保障对象参保意识不高

（一）基本社会保障情况整体满意度较高

贵州易地扶贫搬迁安置点村民基本养老保险、城乡居民医疗保险参保率基本实现全覆盖，基本社会保障情况整体满意度较高。如表 2-13 所示，对社会保障情况安置点搬迁群众的满意度是 95.45%。调查发现，安置点参保率最高的是养老保险和医疗保险。究其原因主要有三点：一是由于养老院等养老设施与服务位于乡镇，离安置点较远；二是由于家中劳动力外出打工，老年人还要照顾孩子和家庭，没有办法享受到养老服务；三是安置点村民多为建档立卡户，医疗保险的报销比例较高，但存在村民需要的药品不在可以报销的常规药品清单中，自己去买花费又高的现象。

（二）社会保险参保结构不平衡

对最低生活保障，安置点搬迁群众的满意度也非常高，达到 93.44%，这说明贫困群众脱贫效果明显，生活得到了有效改善。在调查访谈中，安置点同志反映从参保种类来看，五项基本社会保险中，基本养老保险、城乡居民医疗保险参保率等继续稳步提高，而工伤、生育、失业保险参保率普遍偏低。随着社会保障优惠政策的实施,对养老、医疗这类与自身生活密切相关的社会保险,村民愿意参加,但如生育、工伤、失业这类社会保险则不然。课题组就此进行了调查,原因主要有两方面:一是由于安置点的村民收入有限,对这类保险不太了解;二是由于村民多为老年人、已婚妇女、青少年,他们对生育、工伤、失业这类社会保险需求低;三是他们没有固定的工资收入,对未来的预期有更多的担心。

表 2-13　贵州易地扶贫搬迁安置点基本社会保障满意度

三级指标	非常满意	占比（%）	比较满意	占比（%）	满意	占比（%）	不太满意	占比（%）	很不满意	占比（%）	满意度（%）
7. 你对安置点搬迁群众的社会保障情况满意吗	1067	31.54	1167	34.50	995	29.41	120	3.55	34	1.01	95.45
8. 你对搬迁特困人员全方位托底救助供养服务满意吗	1104	32.63	1270	37.54	787	23.26	213	6.30	9	0.27	93.44

四、群众户籍迁移办理比例不高

(一)户籍迁移办理比例不高

户籍作为公民身份的证明簿,在我国社保存在区域差异的情况下,拥有哪里的户籍不仅关系到民事主体能否在就业、教育、医疗、养老、住房保障等方面分享我国经济社会发展成果,而且关系到他是否享受更好社会保障。调查发现,安置点搬迁群众对户籍落户于安置地或办理"易地扶贫搬迁市民证"的满意比较高,达到 91.46%。部分群众不满意的原因主要是以下几点:一是担心户籍迁移到城镇可能影响到安置点搬迁群众土地承包权、林地承包权、集体收益分配权和其他惠农政策权益。二是农村医疗保险也是只有农业户口的人才能买,安置点搬迁群众担心迁移户口后不能享受便宜的农村医保。

（二）户籍迁移办理程序有待优化

对于跨市县的易地扶贫搬迁,往往需要办理户籍迁移,对于安置点提供的申办出生、死亡、迁出、迁入等户籍业务,安置点搬迁群众的满意度不太高,满意度只有 78.36%。调查发现,尽管派出所的户籍迁转程序有所优化,但仍然比较复杂。比如到安置地公安派出所申办出生、死亡、迁出、迁入等户籍业务往往需要往返多次。

表 2-14　贵州易地扶贫搬迁安置点户籍管理满意度

三级指标	非常满意	占比（%）	比较满意	占比（%）	满意	占比（%）	不太满意	占比（%）	很不满意	占比（%）	满意度（%）
9. 你对安置点搬迁群众的户籍落户于安置地或办理"易地扶贫搬迁市民证"满意吗	826	24.42	1231	36.39	1037	30.65	109	3.22	180	5.32	91.46
10. 你对安置点提供的申办出生、死亡、迁出、迁入等户籍业务满意吗	628	18.56	803	23.74	1220	36.06	415	12.27	317	9.37	78.36

五、有些综合服务设施不合群众需要

（一）服务设施不太适合群众需要

调查发现,在安置点都设立了综合服务中心（站）,50%的综合服务区按照一室多能、一室多用原则,能够承担社区服务中心（站）、新时代文明实践中心、文体活动中心、老年服务中心、儿童活动中心、公共安全服务中心以及社区殡葬服务等多种功能,但如表 2-15 所示,安置点搬迁群众对这些设施的满意度并不高,有 13.15% 和 14.28% 的群众分别表示不太满意和很不满意。调查发现,安置点搬迁群众不满意的原因主要在于有些社区综合服务设施不合群众需要。部分搬迁群众反映,在安置点,配套的相关设施,如阅览室、棋牌室、健身室、儿童游乐园等,这些设施和活动与一般城市小区类同没有照顾他们的民族生活特点。易地搬迁安置小区是由不同地域、不同民族、不同地缘文化和不同人群组成的多元化特殊群体,其文化和需求是不同的,社区文化建设就需要全面调查了解搬迁居民文化背景、需求和兴趣,求同存异,找出共同点,有针对性打造特色社区文化娱乐。

(二)"一站式"服务令安置点满意

"一站式"服务有助于简化服务流程,提高效率,减少搬迁群众东奔西跑的麻烦。对社区推行的"一站式"办理、上门办理、预约办理等服务方式,96.45% 的安置点搬迁群众表示满意。因为,安置点农户因原来长期在农地劳作和农村生活,一些农民拥有农民和市民双重身份,其对小区设施和娱乐几乎没有兴趣,而且,他们大多年老体弱,文化水平低,对于各种要办理的事务不了解。所以,搬迁群众对于对社区推行的"一站式"办理、上门办理、预约办理等服务方式很满意。

表 2-15 贵州易地扶贫搬迁安置点社区综合服务设施满意度

三级指标	非常满意	占比(%)	比较满意	占比(%)	满意	占比(%)	不太满意	占比(%)	很不满意	占比(%)	满意度(%)
11. 你对安置点建设的社区服务中心(站)的新时代文明实践中心、文体活动、老年服务、儿童活动、公共安全服务、社区殡葬服务设施满意吗	748	22.11	567	16.76	1140	33.70	445	13.15	483	14.28	72.57

续表

三级指标	非常满意	占比（%）	比较满意	占比（%）	满意	占比（%）	不太满意	占比（%）	很不满意	占比（%）	满意度（%）
12. 你对社区推行的"一站式"办理、上门办理、预约办理等服务方式满意吗	817	24.15	959	28.35	1487	43.96	114	3.37	6	0.18	96.45

六、便民利民服务设施不够理想

(一)搬迁小区生活服务齐全

调查发现,对安置点的便民利民服务设施,安置点搬迁群众满意度较高,达到82.59%。表示不太满意和很不满意的群众主要是认为:尽管安置点提供购物、餐饮、维修、美容美发、洗衣、家政、物流配送和再生资源回收等日常生活服务,基本能够做到不出小区就能满足生活需求,但是安置点的便民利民服务的价格较高,特别是基于安置点人口规模的一些服务,比如办理"红白喜事"的服务,尽管方便群众婚丧嫁娶,但增加了群众负担。

(二)安置点物业服务不理想

物业服务对搬迁移民的日常生活和生活品质有着重要影响。搬迁农户对移民搬迁小区物业的满意不高,只有69.49%。群众反映,保洁员是政府提供的公益性岗位,却要收较高物业费;经常出现房屋维修不及时、单元电梯未开通等问题。课题组就此调查了物业,物业反映原因主要有两个方面:一是物业管理员多数是来自安置点搬迁群众,以前是农民,文化水平较低,尽管有过培训,但对于电梯维修等一些技术含量高的问题还无法解决。二是尽管政府提供了安置点的卫生用具,保证了垃圾桶数量充足,回收垃圾及时,但是因为财力有限,并没有完全承担物业管理的所有费用。

（三）对安置点志愿服务比较满意

志愿服务活动是国家加强公民道德教育和维护社会稳定的有效形式。对于安置点内设置的志愿服务，安置点搬迁群众的满意度达到94.71%。安置点搬迁群众表示，许多安置点根据《便民利民服务指标落实情况》，开展了家政、文体活动、心理疏导、医疗保健、法律服务、交通安全宣传教育等志愿服务，尽管比例并不高，但安置点搬迁群众对志愿服务是比较满意的。

表 2-16　贵州易地扶贫搬迁安置点社区便民利民服务满意度

三级指标	非常满意	占比（%）	比较满意	占比（%）	满意	占比（%）	不太满意	占比（%）	很不满意	占比（%）	满意度（%）
13. 你对安置点内的购物、餐饮、维修、美容美发、洗衣、家政、物流配送和再生资源回收等生活服务满意吗	665	19.66	981	29.00	1148	33.93	341	10.08	248	7.33	82.59
14. 你对安置点卫生保洁，绿化养护，水电、门窗、家用电器及公共设施维修等物业服务满意吗	764	22.58	695	20.54	892	26.37	659	19.48	373	11.03	69.49
15. 你对安置点内的家政、文体活动、心理疏导、医疗保健、法律服务、交通安全宣传教育等志愿服务满意吗	867	25.63	1131	33.43	1206	35.65	175	5.17	4	0.12	94.71

第四节　安置点基本公共服务政策实施的优化

习近平总书记指出,要重点加强基本公共服务,特别是要加大对革命老区、民族地区、边疆地区、贫困地区基本公共服务的支持力度,加强对特定人群特殊困难的帮扶。[1]"要帮助贫困地区群众提高身体素质、文化素质、就业能力,努力阻断因病致贫、因病返贫,打开孩子们通过学习成长、青壮年通过多渠道就业改变命运的扎实通道,坚决阻止贫困现象代际传递。"[2]优化易地扶贫搬迁安置点基本公共服务政策实施,需要按照"普惠性、保基本、标准化、可持续"原则,积极推进安置点基本公共服务标准体系建设。要以标准化手段,优化师资资源配置、规范医疗卫生人员服务流程、提升安置群众户籍转移服务质量、明确服务设施建设和维护责任。

一、优化基本公共教育师资队伍

(一)优化引才措施,扩大师资队伍

教师流失不仅会增加其余教师工作量,也损害了教学效果。针对安置点教师流失和外地教师不愿前来任教的问题,首先,县、乡政府要加大财政投入,落实他们的保障政策,比如按时发放工资,改善食宿条件,确保教师到位。其次,创造并充分利用校地合作平台,吸引师范院校学生到安置点支教或实习。再次,为安置点制作宣传视频,吸引优秀教师到安置点授课。

---

[1]　《习近平谈治国理政》第二卷,外文出版社 2017 年版,第 80 页。
[2]　中共中央党史和文献研究院编:《习近平关于"三农"工作论述摘编》,中央文献出版社 2019 年版,第 168 页。

（二）通过交流培训提高教学质量

教师是提高教育质量的关键。提高安置点教学质量,首先,要加强已有教师的培训,要通过集中的线下培训提升教师的教学方法创新、实践课堂开展等能力。其次,促进教师与其他地区的优秀教师的交流学习,要充分利用结对帮扶平台鼓励优秀教师到安置点教学,通过示范引导提高安置点教师教学能力。再次,充分运用信息技术推动教育资源共享,特别是针对美术、音乐等专业教师的不足,可以与其他学校合作,开展同步课堂教学。

（三）社区主动参与完善学后服务

安置点部分家长因务工上班,无法接送小孩学习,使得小孩学后失去监护。为此,社区要主动参与完善学后服务工作。一是要在落实教育学位时,与学生家长协商对接安置点搬迁群众子女学后服务工作,为安置点搬迁群众子女提供学后服务便利。二是在下午课后至离校时间段,为有需要学生提供课后学习场所,进行免费托管,引导学生开展自主阅读、体育锻炼等活动。三是对承担托管任务的教师可给予适当补助,协助老师定期家访,及时与家长沟通,促进孩子的学业进步。

二、提高医疗工作人员服务水平

（一）完善医疗卫生服务设施管理

一是要按照《贵州省易地扶贫搬迁基本公共服务标准体系》,完善安置点医疗设施,特别是要根据安置群众反映较多的设备维护问题加强管理。二是根据安置点实际运行情况,对安置点医疗机构的服务时间和服务场所进行调整和完善,确保安置群众能够便捷地享受到医疗机构的服务。三是要强化安置点的医疗机构对老人的服务,安置点是老人比例比较高的区域,应当结合安置点的服务半径、地理条件等因素,强化老人医疗卫生设备的配备。四是建立专用电话热线,确保村民身体不适无法去看医生时,能通过医疗热线获得建议。鼓励有条件安置场所开展远程医疗咨询系统建设,为安置群众提供经济实惠、优质便捷的远程医疗服务。

(二)规范安置点医务人员配备

一是要强化医务人员的招聘,要定期根据安置点医疗服务人员情况,面向社会招聘医务人员,要对他们加强责任感教育,引导他们学习其他先进的医疗技术和医疗经验,弥补自身能力的薄弱环节,积极提升医疗技术水平。二是根据安置社区的人口规模和服务对象的变化,及时调整医疗资源的分配,合理安排和分配医务人员,以便为搬迁群众提供及时有效的基本医疗卫生服务。三是安置点要适当配置一两个专业水平高的医生,或定期派县(市、区)大医院有经验的医生到安置点现场就诊。四是要组织医务人员定期了解安置点老人的健康情况,为年老体弱的群众确定家庭医生。

(三)提高医疗卫生人员服务水平

一是要强化安置点卫生室(卫生院)签约医生等医务工作者培训,要精心制订线上线下定期进修和培训计划。二是要加强对安置点医护人员的规范化管理,提高医护人员的服务意识和整体素质,提高村民满意度。三是采取巡回医疗等方式,定期组织县级医疗服务机构骨干到安置点医疗机构开展业务指导。四是建立和完善罹患大病群众台账,并对他们实行动态管理和监测,实现大病具体救治工作的规范和秩序。五是落实基本公共卫生和家庭医生签约服务,确保安置点患者能够在安置点医院享受先诊疗后付费服务。

三、积极引导搬迁群众参与社会保障

（一）推进安置点社会保障体系建设

良好的社会保障体系是搬迁群众参与社会保障的前提,为此,要积极推进安置点的社会保障体系的建设。一是按照"群众自愿选择"原则,做好安置点搬迁群众各种社会保障的转移接续工作,引导其中的灵活就业人员和有稳定劳动关系的人员参加安置地的城乡居民基本医疗保险、基本养老保险。对已经落户或办理居住证、"易地扶贫搬迁市民证"的安置点搬迁群众,如果符合政策条件则都要以安置地标准纳入城市最低生活保障范围。二是积极开展政策宣传和参保登记,全面落实搬迁贫困人口各项参保优惠及代缴补贴等社会保险扶贫政策。三是有效衔接最低生活保障制度与扶贫政策,安置点搬迁群众脱贫后收入水平仍低于低保标准的,继续享受低保政策,做到"脱贫不脱保"。

（二）积极宣传工伤失业等保险制度

在五大基本社会保险中,安置点搬迁群众的工伤、失业、生育三类保险参保率较低,安置点群众对这三类保险的了解不多。为此,一是要利用海报、宣传栏、宣传册等手段,向安置群众宣传讲解五大基本社会保险,特别是工伤、失业、生育三类保险,对群众提出的问题和疑惑及时反馈解答。二是入户做好安置点搬迁群众参保工作,向就业人员和入城务工人员等群体解释参加工伤、失业保险的必要性,向已婚妇女以及家人阐明参加生育保险的价值,逐渐提高工伤、失业、生育保险的参保率。三是推进社会保险"五险合一"信息系统和"一卡通"全覆盖,加强社会保险基金监管,确保其稳定安全运营,以消除安置群众后顾之忧。

（三）完善搬迁困难群众救助体系

一是在"十四五"期间要对安置点的贫困群众继续实施一次性临

时救助政策。对因为遭遇突发事件、意外事故和急难问题导致生活困难的搬迁家庭,要由迁入地民政部门给予临时性的救助,对于其中遭遇困难情形比较复杂和救助资金需求比较大的安置点群众,可以把最高救助额度提高到 5 万元。二是要稳步提高安置点特困群众的救助标准,确保他们能够享受到全方位托底救助服务。三是积极动员特困搬迁群众特别是其中的失能、半失能人员入住特困供养机构,为他们提供全面的照料服务。对暂时不能集中供养的特困人员,积极采取签订照料护理协议等方式向具备承接条件的相关单位(机构、组织)和个人购买护理服务、社会工作服务。

四、积极引导安置群众户籍转移

(一)要积极有序引导户籍转移

一是要做好户籍转移宣传工作。要向安置群众耐心宣传,户籍转移并不影响安置点搬迁群众在迁出地的土地承包权、林地承包权、集体收益分配权和其他惠农政策权益。二是要积极引导安置点搬迁群众落户安置地,对暂时没有迁移户籍的,要及时帮助办理居住证或"易地扶贫搬迁市民证"。三是要把安置点搬迁群众纳入迁入地当地居民加以管理,确保享有安置地同等的基本公共服务。

(二)要提高户籍服务水平

一是安置点公安部门要及时完善户口迁移等户籍办理流程,能够确保安置点搬迁群众可就近申办出生、死亡、迁出、迁入等户籍业务。二是迁出地或安置地公安派出所要为安置群众户籍迁转提供电话、网上预约或上门办理等方式的服务,实现安置点搬迁群众办理户籍业务"只跑一次"。三是公安派出所要在户籍窗口增设异地居民身份证受理业务,为安置点搬迁群众办理异地居民身份证提供便利,对在安置地落户换领居民身份证的安置点搬迁群众,提供一次免费邮寄送达服务。

五、依照群众特点健全服务设施

（一）坚持一室多能、一室多用原则

一是服务中心（站）要按照一室多能、一室多用原则进行建设,要能够提供户籍管理、就业服务、教育培训、医疗卫生、社会保障和法律咨询等多重公共服务。二是要完善新时代文明实践中心、老年服务中心、儿童活动中心和公共安全服务中心,确保能够承担图书馆、广播站、乡愁馆等文化宣传功能;能为空巢老人、留守老人、高龄老人等的日间照护提供服务;能为儿童学习、娱乐和照料提供服务;能成为安置群众的调解室、警务室、小型消防队和应急掩体,以提高社区的安全能力。三是能够把各项设施的建设纳入城镇建设规划,或就近整合利用,确保在能够满足安置点搬迁群众的基本需求的同时,减轻安置点搬迁群众负担。

（二）规范物业管理模式和内容

一是要依据安置点的特性,按照因地制宜和尊重群众意愿的原则,主动引导安置群众选择适当的物业管理方式,对具有引进物业管理服务条件的安置点,可以选择物业管理。对暂时不具备条件的安置点,要由街道、社区依照规定进行托管。二是对安置点的物业要管理服务,要充分发挥市场的力量,要依靠市场规范安置点物业管理服务,要制定物业管理标准和规范,规范物业管理服务合同,引导物业管理人员增强意识、创新服务理念和提高服务质量。

六、设法降低社区便民利民服务价格

（一）建立健全便民利民服务设施

一是在安置点推进"社区15分钟服务圈"项目建设,要采取措施盘活安置点内各种门面、商铺等资源,鼓励和支持各类社会组织、企业和安置点搬迁群众兴办居民服务业,以便优化和完善安置点便民利民服务网络。二是生活服务设施方面,重点发展居民购物、餐饮、维修、美容美发、洗衣、家政、物流配送和再生资源回收等生活服务。鼓励邮政、金融、电信、供销、燃气、自来水、电力等公用事业服务单位在社区设点服务,满足居民多样化生活需求。

（二）提高群众便民利民服务意识

一是强化基础设施保护宣传,使群众自觉认识并自觉履行基础设施保护责任和义务,对破坏基础设施的行为能够主动加以规劝和制止,从而延长基础设施的使用寿命,提高利用率,降低设施维护费用。二是积极引导安置点搬迁群众开展各种互助活动和志愿服务,增强安置点搬迁群众的自我服务能力。三是要开展基础设施正确使用和维护的宣传,为群众建言献策提供渠道,在安置点形成"平时有人管、坏了有人修、更新有能力"的良性循环,确保安置点搬迁群众在便民利民服务中长期受益。

第三章　贵州易地扶贫搬迁安置点群众培训和就业服务政策实施研究

习近平总书记指出,共同富裕要靠勤劳智慧来创造。要……提升全社会人力资本和专业技能,提高就业创业能力,增强致富本领。[1] 作为我国易地扶贫搬迁主战场,贵州省在 2019 年就深入贯彻习近平总书记的重要指示,及时制定了《关于加强和完善易地扶贫安置点搬迁群众培训和就业服务体系的实施意见》,《意见》按照易地扶贫搬迁"六个坚持""五个三"总体要求,加大了安置点搬迁群众的就业创业、技能培训的支持力度,以提高搬迁农户的就业质量和收入水平。《意见》还根据贵州易地扶贫搬迁安置点的具体实际及安置点群众的特点,构建安置点群众就业能力评价体系,为了解他们的就业服务产品现状提供了重要标准,有力地优化完善了易地扶贫安置点搬迁群众培训和就业服务政策实施,极大提高了安置点群众就业服务产品质量,增强了社会公平性和安置点群众的获得感。

本章主要是调查分析贵州易地扶贫安置点搬迁群众培训和就业服务的现状如何,在各地的实践探索过程中涌现出哪些有益做法,又面临

---

① 习近平:《实现共同富裕》,《求是》2021 年第 20 期。

着哪些现实困境？尝试对易地扶贫安置点搬迁群众培训和就业服务所存在的一些具有普遍意义的问题进行描述性概述。

第一节　安置点搬迁群众培训和就业服务政策实施的评价体系

在我国,公共就业服务经历了一个快速转变过程。为了掌握贵州易地扶贫搬迁安置点搬迁群众培训和就业服务政策的实施情况,课题组基于贵州《关于加强和完善易地扶贫安置点搬迁群众培训和就业服务体系的实施意见》,同时也参考了《易地扶贫搬迁安置社区就业创业服务中心服务规范》和《公共就业服务总则》,制定了《贵州易地扶贫搬迁安置点搬迁群众培训和就业服务政策实施满意度测评指标体系》和《贵州易地扶贫搬迁安置点搬迁群众培训和就业服务政策实施实施情况评价体系》。

一、群众培训和就业服务政策实施分析的核心概念

（一）公共就业服务

公共就业服务是现代国家设立的保证政府向社会提供基本公共产品的一项重要制度。它出现于 20 世纪初,当时资本主义国家因为大规模的经济危机出现了大量失业工人,为促进工人就业,这些国家被迫对劳动力市场进行干预。在 1910 年,在时任英国内政大臣温斯顿·丘吉尔的支持下,英国举办了第一个国家性质的职业介绍所。1919 年,国际劳工组织提出,为促进工人就业,其成员国应该建立自己的公共就业服务体系。在 1996 年,欧盟理事会指出,公共就业服务是各国解决其劳动力市场结构性问题的一个关键措施。

在国际上，人们对公共就业服务的内涵并没有形成一致意见。国际劳工局对此的界定是，公共就业服务是由国家建立、监督下开展的，国家给予充分资金保障的，由中央主管部门、地区性就业服务机构和地方就业机构组成，覆盖全国各地理区域的免费的就业服务。① 对于公共就业服务的主要内容，尽管各国基于本国需要有一些不同，但一般包括以下方面：一是向人们开展职业介绍，进行求职和招工登记等工作；二是向人们开展职业指导和职业咨询；三是对求职者进行培训或再培训；四是实施劳动者就业促进计划；五是对残疾人、移民工人、青年人等特殊群体劳动者给予积极帮助；六是参与失业保险金的管理和发放，确认其就业意向；七是搜集和提供劳动力市场统计性信息，协助政府劳动就业保障部门预测就业趋势和制定政策，同时也开展劳动力市场研究等。②

在我国，公共就业服务经历了一个快速转变过程。在 20 世纪 90 年代前，我国的就业服务体系主要由职业介绍、就业训练、失业保险和劳动就业服务四个方面构成。在 20 世纪 90 年代以后，随着我国劳动力市场加速发展，公共就业服务不仅出现了新的类型，而且还适当调整了传统公共就业服务体系，即把就业训练归入职业培训，让失业保险进入社会保障体系，劳动就业服务企业归并于职业介绍和就业岗位开发。2008 年正式实施的《中华人民共和国就业促进法》规定：我国县级以上人民政府应该建立健全公共就业服务体系和公共就业服务机构，为劳动者免费提供下列服务："（一）就业政策法规咨询；（二）职业供求信

---

① 国际劳工局：《世界就业报告（2008）》，中国劳动保障出版社 2008 年版，第 1—9 页。

② 范随、艾伦·汉森、戴维·普瑞斯：《变化中的劳动力市场：公共就业服务》，中国劳动社会保障出版社 2005 年版，第 1—18 页；高秉雄、张江涛：《公共治理：理论缘起与模式变迁》，《社会主义研究》2010 年第 6 期。

息、市场工资指导价位信息和职业培训信息发布;(三)职业指导和职业介绍;(四)对就业困难人员实施就业援助;(五)办理就业登记、失业登记等事务;(六)其他公共就业服务。"①2017年,党的十九大报告提出:"提供全方位公共就业服务,促进高校毕业生等青年群体、农民工多渠道就业创业。破除妨碍劳动力、人才社会性流动的体制机制弊端,使人人都有通过辛勤劳动实现自身发展的机会。"②2019年,人社部发出《关于做好易地扶贫搬迁就业帮扶工作的通知》,针对易地扶贫搬迁就业帮扶工作提出明确要求。可以看出,公共就业服务在我国有四层要义:一是强调就业服务是政府的职能;二是公共财政是就业的主要资金来源;三是服务是无偿可获得的;四是服务的目的是实现劳动力更优配置。

(二)就业理论

在现代的经济学理论框架中,劳动力是一种有别于一般商品的重要生产要素,因其与劳动者个人及其家庭的生计紧密联系,所以,必然导致劳动就业情况影响到就业公平、基本生存权获得等社会目标的实现,由于"市场失灵"的存在,政府对市场的调节功能就显得尤为必要。学者们对政府和市场功能的讨论是研究劳动就业的主要理论基础。西方经济学家的就业理论形成了多种流派,既有古典经济学派的就业理论、凯恩斯的就业理论,也有发展经济学的就业理论、新古典综合派的就业理论,还有新自由主义的就业理论等。这些不同流派的就业理论产生的背景、提出的主要观点具体见表3-1。

---

① 《中华人民共和国就业促进法》,《中国劳动》2007年第9期。

② 习近平:《决胜全面建成小康社会 夺取新时代中国特色社会主义伟大胜利——在中国共产党第十九次全国代表大会上的报告》,《人民日报》2017年10月28日。

表 3-1　西方就业理论不同流派比较

理论名称	产生年代	产生背景	代表人物	主要观点
古典经济学派的就业理论	18—19 世纪	古典经济学派人口与资源均衡发展思想出现	亚当·斯密、大卫·李嘉图	生产会自动创造需求，反对政府干预就业服务
凯恩斯的就业理论	20 世纪 20—30 年代	传统经济理论无法解决经济危机爆发带来的困境	凯恩斯	生产过剩和失业的原因是在总收入和总消费之间存在差距，应该通过刺激需求达到社会充分就业
发展经济学的就业理论	20 世纪 50 年代	人力资源大量闲置严重困扰阻碍发展中国家发展	刘易斯、费景汉	应减少城乡不均等的就业机会，要发展农村经济，发展教育事业，要提高资本增长对就业的扩散效应，增加就业机会
新古典综合派的就业理论	20 世纪 70 年代	20 世纪 60 年代西方主要资本主义国家陷入"滞胀"	萨缪尔森	市场结构变化导致结构性失业，应发展职业介绍机构使企业和求职者实现充分的信息沟通，应对劳动力进行再培训，提高其就业能力
新自由主义的就业理论	20 世纪 90 年代	20 世纪末西方周期性地出现大范围的失业潮	布莱因	应该在保证企业自由用人和求职者自主择业的前提下，实现国家对市场活动的宏观调控，同时建立稳定就业、劳资合作和工资差距较小的劳动力市场

二、群众培训和就业服务政策实施分析的指标体系

(一)群众培训和就业服务政策实施情况评价体系

贵州易地扶贫搬迁安置点搬迁群众培训和就业服务实施情况评价

体系的设计主要是基于贵州《关于加强和完善易地扶贫安置点搬迁群众培训和就业服务体系的实施意见》,同时也参考了《易地扶贫搬迁安置社区就业创业服务中心服务规范》和《公共就业服务总则》,形式是总加量表,肯定回答得 1 分,否定回答得 0 分,适用于对安置点或其主要领导的调查。具体如表 3-2 所示。

表 3-2 贵州易地扶贫搬迁安置点搬迁群众培训和
就业服务政策实施情况测评指标体系

一级指标	二级指标	三级指标
1. 夯实工作基础	1. 完善劳动力就业创业信息台账	(1)建好搬迁劳动力就业创业信息台账,实施动态管理
		(2)建立搬迁家庭"一户一册""一人一档"就业培训档案,做好全程跟踪服务
		(3)及时办理失业登记,开展"一对一"就业帮扶
	2. 完善岗位信息数据库	(1)以县为单位建立包含用人单位岗位要求、工作地点、福利待遇等信息的岗位信息数据库
		(2)能根据企业的岗位变动及时更新岗位信息数据库
	3. 建立就业创业服务中心	(1)挂牌成立有人员、办公场地及经费等保障的就业创业服务中心
		(2)搬迁群众就业创业服务实现标准化、规范化、系统化
		(3)确保了有劳动力家庭"一户一人"以上稳定就业
		(4)实现有劳动力"零就业"家庭动态清零

续表

一级指标	二级指标	三级指标
2. 拓宽稳定就业增收渠道	4. 促进就地就近就业	(1)当地工业园区、产业园区等能够优先安置搬迁劳动力就业
		(2)鼓励当地企业、农民专业合作社等吸纳搬迁劳动力就业
		(3)引导搬迁劳动力居家从事手工艺制作、农产品加工、来料加工等
		(4)对吸纳搬迁劳动力就业的企业,根据标准落实社会保险补贴
	5. 提高劳务组织化程度	(1)与对口帮扶城市或经济发达地区开展劳务输出协作
		(2)加强和规范了省外劳务协作站(点)的建设
		(3)在全省建设劳务公司和劳务合作社,促进输出就业
		(4)对那些为搬迁劳动力提供就业服务的市场主体,按规定给予补贴
		(5)对搬迁劳动力通过有组织输出到县以外省内就业的,给予一次性求职创业补贴
	6. 鼓励创业带动就业	(1)建立黔籍创业成功人士信息库,引导成功人士返乡创业
		(2)推进农民工创业园(点)建设,支持搬迁劳动力入园创业就业
		(3)培育一批创业项目,按规定落实小微企业扶持政策
		(4)对有创业意愿和创业条件的搬迁劳动力,给予创业培训和税费减免
	7. 加强安置点产业配置	(1)引进创建适合搬迁群众就业的劳动密集型企业和扶贫车间
		(2)采取"搬迁群众+合作社+龙头企业"等模式拓宽增收渠道
	8. 托底解决困难人群就业	(1)新增或腾退公益性岗位,优先落实困难人群就业
		(2)对符合条件的居家就业且收入较低的搬迁劳动力,给予就业补贴

一级指标	二级指标	三级指标
（3）扎实推进全员培训	9. 做好组织发动	（1）对未稳定就业和未接受培训的搬迁劳动力,进行逐户摸底排查
		（2）在迁出地和安置地增设宣传标语,引导搬迁劳动力主动学技能
		（3）通过广播、电视、宣传手册等多种方式,大力宣传培训脱贫典型
	10. 创新培训方式	（1）组织搬迁劳动力通过"农民全员培训电视点播频道"接受培训
		（2）组织培训机构、专家、技术人员对搬迁劳动力开展多种形式的培训
		（3）对不愿外出就业和因照顾老人、小孩等原因无法就业的,就近开展手工艺加工等培训
		（4）依托企业、农民专业合作社和扶贫车间等生产主体开展以工代训
		（5）引导搬迁家庭中未继续升学的初、高中毕业生到职业学校和技工院校学习技能
	11. 完善培训内容	（1）分类设置课程和培训标准,分产业、分层次、分岗位、分时段培训
		（2）围绕制造业、建筑业、服务业、旅游业、电子商务等行业的用工需求开展常态化培训
		（3）对搬迁劳动力开展劳动维权、职业道德、安全生产等培训
		（4）对搬迁群众开展感恩教育和市民意识培训
	12. 落实技能培训补贴	（1）对吸纳搬迁劳动力就业并开展以工代训的生产经营主体,根据条件给予一定培训补贴
		（2）对开展搬迁劳动力脱产培训的培训机构或用工企业,根据培训天数和就业情况,落实培训补贴
		（3）对建档立卡贫困户所需培训补贴由扶贫资金列支,非建档立卡贫困户的培训补贴从就业补助资金中列支

（二）群众培训和就业服务政策实施满意度测评指标体系

群众培训和就业服务政策实施满意度指标体系,是按照客观和主观相结合的原则,在对客观指标体系分析的基础上设计出来的。本指标体系的设计主要是基于贵州《关于加强和完善易地扶贫安置点搬迁群众培训和就业服务体系的实施意见》,同时也参考了《贵州省易地扶贫搬迁基本公共服务标准体系》,形式是李克特量表,非常满意得 5 分、满意得 4 分、一般得 3 分、不太满意得 2 分、很不满意得 1 分。本表适用于对安置点普通群众的调查。为了准确把握群众对培训和就业服务政策实施的满意度,我们主要选取 20 岁以上群众进行调查。贵州易地扶贫搬迁安置点搬迁群众培训和就业服务政策实施满意度测评指标体系如表 3-3 所示:

表 3-3　贵州易地扶贫搬迁安置点搬迁群众培训和
就业服务政策实施满意度测评指标体系

一级指标	二级指标	三级指标
1. 夯实工作基础	1. 建立和完善劳动力就业创业信息台账	1. 你对安置点搬迁群众的培训就业档案,归档管理和全程跟踪服务满意吗
	2. 建立和完善岗位信息数据库	2. 你对人社部建立的《岗位信息数据库》满意吗
	3. 建立就业创业服务中心	3. 你对安置点挂牌成立的就业创业服务中心的服务满意吗
2. 拓宽稳定就业增收渠道	4. 促进就地就近就业	4. 你对当地工业园区、产业园区提供的就业岗位满意吗
	5. 提高劳务组织化程度	5. 安置点搬迁群众能够在对口帮扶城市或经济发达地区的劳务协作下获得满意的劳动岗位吗
	6. 鼓励创业带动就业	6. 你对安置点所在地的农民工创业园(点)的带动创业就业情况满意吗
	7. 加强安置点产业配置	7. 安置点建设的劳动密集型企业或扶贫车间,能为留守劳动力提供满意的居家就业机会吗
	8. 托底解决困难人群就业	8. 安置点搬迁群众中的就业困难人员能在治安巡防、养老服务、公路养护等服务管理类岗位上实现满意就业吗

一级指标	二级指标	三级指标
3. 扎实推进全员培训	9. 做好组织发动	9. 安置点以广播、电视、网站、微信、宣传手册等方式，引导搬迁劳动力参加培训和转移就业，让你满意吗
	10. 创新培训方式	10. 你对安置点的搬迁劳动力的就业培训形式满意吗
	11. 完善培训内容	11. 你对安置点的就业培训内容满意吗
	12. 落实技能培训补贴	12. 你对各类搬迁劳动力就业的生产经营主体和开展搬迁劳动力脱产培训的培训机构（含用工企业等）获得补贴满意吗

第二节　安置点搬迁群众培训和就业服务政策实施情况分析

近年来，贵州易地扶贫搬迁安置点群众培训和就业服务体系建设不断完善、深入，就业扶持体系实现多样化。从多层次、多维度积极推动群众培训和就业服务发展，在保障就业中的桥梁纽带作用发挥明显，推动了外出务工就业、就近就地就业、以产业稳就业、困难群体就业。

一、群众培训和就业服务工作基础扎实

（一）群众培训和就业服务政策体系基本形成

为打赢打好脱贫攻坚战，也为巩固脱贫成果和接续实施乡村振兴战略部署，国家和地方各级政府部门都先后出台了许多群众培训和就业服务的政策。这些政策对易地扶贫安置点搬迁群众培训、外出务工、创新创业等，出台了多方面的扶持政策。这些政策为安置点搬迁群众培训和就业服务构建了比较完善的框架体系，为安置点实现了"一个

超过、两个不少于"目标奠定了基础。

表3-4　我国易地扶贫搬迁移民群众培训和就业服务相关政策

政策制定机构	政策制定时间	政策文件
人社部	2016	人力资源社会保障部、财政部、国务院扶贫办《关于切实做好就业扶贫工作的指导意见》(人社部发〔2016〕119号)
	2019	人力资源社会保障部等部门《关于做好易地扶贫搬迁就业帮扶工作的通知》(人社部发〔2019〕47号)
	2020	人力资源社会保障部办公厅等部门《关于开展易地扶贫搬迁就业帮扶专项行动的通知》(人社厅发〔2020〕48号)
	2020	人力资源社会保障部办公厅《关于开展2020年人力资源服务机构助力脱贫攻坚行动的通知》(人社厅函〔2020〕56号)
国家发改委等	2020	国家发展改革委等12个部门《关于印发2020年易地扶贫搬迁后续扶持若干政策措施的通知》(发改振兴〔2020〕244号)
贵州省委、省政府	2019	《关于加强和完善易地扶贫安置点搬迁群众培训和就业服务体系的实施意见》

资料来源:各级人力资源和社会保障部门官方网站。

(二)建立了劳动力就业创业信息工作

贵州省群众培训和就业服务机构布局已经深入到基层,在针对易地扶贫搬迁移民群众培训和就业服务工作方面,成立了贵州省易地扶贫搬迁就业创业服务中心和劳务市场,在街道成立就业服务工作站,在社区组建就业服务点、设置就业扶贫信息员,形成县、街道、社区三级联动的推进群众培训和就业服务格局。调查显示,一是所有的安置点在扶贫、移民部门的协助下,为每个群众建立了《家庭就业扶贫台账》《全程服务卡》《职业培训卡》《就业失业情况登记表》,并实施动态管理。对安置点群众就业转失业的,及时对其开展"一对一"就业帮扶,向他们优先提供就业岗位信息和职业指导等服务;二是59.65%的安置点所在人社部门能够注意经常收集企业的岗位信息,建立并不断完善《岗位信息数据库》;三是所有安置点所在社区服务中心都设立就业创业服务中心,确保有劳动力家庭"一户一人"以上稳定就业,实现有劳动力"零就业"家庭动态清零。当然,也发现安置点为安置点搬迁群众提供标准化、规范化、系统化的就业创业服务落实率比较低,完成率只有38.60%。具体见表3-5。

表3-5　贵州易地扶贫搬迁安置点搬迁群众就业工作基础情况

一级指标	二级指标	三级指标	频数	占比（%）
1. 夯实工作基础	1. 完善劳动力就业创业信息台账	（1）建好搬迁劳动力就业创业信息台账,实施动态管理	171	100.00
		（2）建立搬迁家庭"一户一册""一人一档"就业培训档案,做好全程跟踪服务	141	82.46
		（3）及时办理失业登记,开展"一对一"就业帮扶	93	54.39
	2. 完善岗位信息数据库	（1）以县为单位建立包含用人单位岗位要求、工作地点、福利待遇等信息的岗位信息数据库	171	100.00
		（2）能根据企业的岗位变动及时更新岗位信息数据库	102	59.65
	3. 建立就业创业服务中心	（1）挂牌成立有人员、办公场地及经费等保障的就业创业服务中心	171	100.00
		（2）搬迁群众就业创业服务实现标准化、规范化、系统化	66	38.60
		（3）确保了有劳动力家庭"一户一人"以上稳定就业	150	87.72
		（4）实现有劳动力"零就业"家庭动态清零	171	100.00

二、群众稳定就业增收渠道得到拓宽

（一）促进就地就近就业取得较大进展

群众培训和就业服务机构是开展群众培训和就业服务的主要阵地。调查显示,安置点搬迁群众的相关培训和就业服务机构设置比较健全。从它们所从事工作的属性来看,既有专门负责群众培训和就业服务体系的资源统筹和行政管理的管理机构,又有专门负责培训和就业服务具体业务办理的人力资源市场和基层服务平台等业务机构。在促进就地就近就业方面,安置点就业服务部门大多能够采取措施鼓励当地工业园区、产业园区企业、农民专业合作社等吸纳搬迁安置点劳动力就业,或鼓励安置点群众中学有所长的老人或妇女结合当地传统文化、自然生态、产业基础等,在家从事民族传统手工艺产品生产、农产品或来料加工等工作。

表3-6　贵州省易地扶贫搬迁移民群众培训和就业服务机构职能

机构名称	职能
县人力资源和社会保障局	统筹全县群众培训和就业服务工作
县劳动就业管理服务中心	面向全县开展群众培训和就业服务和管理工作
县人才交流服务中心	搭建用人单位政求职者之间的桥梁,组织招聘会等
县农村劳动力转移就业管理服务中心	为农村劳动力离土离乡转移就业提供就业服务
易地扶贫搬迁就业创业服务中心(设在搬迁安置区)	为易地扶贫搬迁群众提供政策咨询、职业介绍劳动维权、社保转接、就业失业登记、就业服务
劳务市场(设在搬迁安置区)	为易地扶贫搬迁群众和招聘单位提供信息交换平台
易地扶贫搬迁就业服务工作站(街道)	在辖区内进行劳动力调查,为群众提供就业服务,指导社区就业服务站工作
社区就业服务站(社区)	负责社区内劳动力就业动态跟踪管理,协助提供就业服务

（二）组织化劳务输出还有努力空间

有21.05%的安置点就业服务机构能够与对口帮扶地区开展劳务协作,努力扩大劳务输出规模。也有8.77%的安置点能够依托现有的公益性劳务公司,通过"劳务公司+劳务合作社+劳动力"的模式,促进向省外输出就业。还有56.14%的安置点能够开展省内劳务协作,对人力资源服务机构、劳务公司、劳务合作社、劳务经纪人等市场主体针对搬迁劳动力开展职业指导、专场招聘会等就业服务活动,实现有组织劳务输出,达到条件的,也能按规定给予一定服务补贴。

（三）鼓励安置点搬迁群众创业带动就业取得进展

为引导搬迁劳动力入园创业带动就业,45.61%的安置点曾采取措施支持引导成功人士返乡创业和推进农民工创业园（点）建设。所有的安置点都支持搬迁劳动力入园就业。比如,有的安置点通过承接产业转移在有条件的安置点培育一批创业项目,也有的安置点设法推动本地"互联网+农村电子商务"、乡村旅游、休闲农业、林下经济或特色食品加工业等产业发展。然而,对有创业意愿并有一定创业条件的搬迁劳动力落实税费减免等政策,部分安置点没有落实。

（四）安置点产业配置得到加强

有近一半的安置点能够引进一批适合安置点搬迁群众就业的劳动密集型企业,并在企业创建一批扶贫车间,为本安置点搬迁群众提供一批岗位,保证部分留守劳动力实现就近就业。38.60%的有条件的安置点甚至根据自身产业结构布局,积极配置了一些有市场前景的产业项目,通过"安置点搬迁群众+合作社+龙头企业"等模式,帮助安置点搬迁群众增收。

（五）困难人群基本实现托底就业多样化

所有安置点能够按照要求设法把困难人群优先安排到公益性岗位就业。比如,统筹开发林草管护岗位,把安置点搬迁群众中的就业困难人员,优先安排到治安巡防、公共产业巡护等巡防巡护类,养老服务、五保户服务、留守儿童看护等邻里互助类,村寨保洁、河道管护、农村"组组通"公路养护等一线公共服务类,就业扶贫信息统计收集、就业扶贫服务等协助管理类岗位实现就业;再比如把安置点搬迁群众中的就业困难人员,优先安排到农民专业合作社（种养大户、家庭农场）、就业扶贫车间、就业扶贫示范基地及各类园区企业或刺绣、银饰加工、特色编织、来料加工等产业。

表3-7　贵州易地扶贫搬迁安置点搬迁群众稳定就业增收渠道情况

一级指标	二级指标	三级指标	频数	占比（%）
2. 拓宽稳定就业增收渠道	4. 促进就地就近就业	（1）当地工业园区、产业园区等能够优先安置搬迁劳动力就业	171	100.00
		（2）鼓励当地企业、农民专业合作社等吸纳搬迁劳动力就业	171	100.00
		（3）引导搬迁劳动力居家从事手工艺制作、农产品加工、来料加工等	123	71.93
		（4）对吸纳搬迁劳动力就业的企业，根据标准落实社会保险补贴	129	75.44
	5. 提高劳务组织化程度	（1）与对口帮扶城市或经济发达地区开展劳务输出协作	36	21.05
		（2）加强和规范省外劳务协作站（点）的建设	15	8.77
		（3）在全省建设劳务公司和劳务合作社，促进输出就业	96	56.14
		（4）对那些为搬迁劳动力提供就业服务的市场主体，按规定给予补贴	162	94.74
		（5）对搬迁劳动力通过有组织输出到县以外省内就业的，给予一次性求职创业补贴	48	28.07
	6. 鼓励创业带动就业	（1）建立黔籍创业成功人士信息库，引导成功人士返乡创业	78	45.61
		（2）推进农民工创业园（点）建设，支持搬迁劳动力入园创业就业	171	100.00
		（3）培育一批创业项目，按规定落实小微企业扶持政策	126	73.68
		（4）对有创业意愿和创业条件的搬迁劳动力，给予创业培训和税费减免	81	47.37
	7. 加强安置点产业配置	（1）引进创建适合搬迁群众就业的劳动密集型企业和扶贫车间	84	49.12
		（2）采取"搬迁群众+合作社+龙头企业"等模式拓宽增收渠道	66	38.60
	8. 托底解决困难人群就业	（1）新增或腾退公益性岗位，优先落实困难人群就业	138	80.70
		（2）对符合条件的居家就业且收入较低的搬迁劳动力，给予就业补贴	36	21.05

三、安置群众全员就业培训扎实推进

(一)群众培训就业服务组织有力

在组织发动方面,在安置点构建由县(市、区)主要领导负责的安置群众就业服务机制,有利于统筹协调人社部门和用人单位共同做好安置群众的就业信息收集、劳动权益保护等工作,也有利于督查促进培训就业服务机构认真为安置群众做好政策辅导、岗位介绍等工作。调查发现,几乎所有的安置点都能够完全按照要求,对未稳定就业和未接受培训的搬迁劳动力,进行逐户摸底排查;能够通过广播电视、网站微信以及宣传手册等,大力宣传致富典型,激发安置点劳动力主动参加就业培训积极性。

(二)群众培训方式比较灵活多样

对安置点搬迁群众开展全员培训、规定培训、精准培训、建档培训、持续培训,是确保安置群众持续就业的重要途径。调查发现,大多数安置点能够在培训中有意识地突出实用技术和民族手工艺的培训,培训方式比较多样。所有的安置点都曾依托"农民全员培训电视点播频道"系统,组织搬迁劳动力集中观看或自行收看接受视频培训。84.80%的安置点曾请了一些行业专家、技术人员、"土专家"和民间能人,根据安置群众就业意愿和市场用工需求,开展多种形式的培训。对于一些不愿外出就业和特殊原因无法就业的安置群众,有56.14%的安置点曾为他们就近就地组织了手工艺加工等培训,对于安置点中未继续升学的初、高中毕业生,安置点曾积极鼓励他们到职业学校和技工院校学习接受专业化的职业教育。此外,一些安置点也曾依托企业、合作社和扶贫车间等以以工代训的方式开展培训。

（三）群众就业培训内容日趋完善

安置群众的"四型"①技能培训要取得实效,必须坚持"因人施培、因岗定培、因产施培"原则。调查发现,所有安置点能够分类设置安置群众的就业培训标准,采取分产业、分层次、分岗位、分时段培训。所培训的内容能够以制造业、建筑业、服务业、旅游业、电子商务等就业容量大的行业用工为重点,此外,为了全面提升安置群众的综合能力和素质,安置点也都做了安置点搬迁群众的感恩教育和市民意识培训。当然,也有54.39%的安置点开展过法律教育、劳动维权教育、职业道德教育,以及生产、消防和卫生等领域的安全培训。

（四）技能培训补贴落实有待强化

为了激发社会力量开展安置点搬迁群众就业培训,有必要给予他们一定的补贴。贵州《关于加强和完善易地扶贫安置点搬迁群众培训和就业服务体系的实施意见》提出,对各类生产经营主体和就业培训机构开展培训的要根据吸纳和培训人数给予一定期限的补贴。调查发现,54.39%的安置点能开展以工代训的生产经营主体根据条件给予部分补贴。49.12%的安置点能够对参加脱产培训的搬迁劳动力根据就业情况落实生活补贴。安置点劳动力中的建档立卡贫困户,因为就业培训所需生活补贴由扶贫资金列支,非建档立卡贫困户从就业补助资金中列支。

---

① 即定向培训、订单培训、输出培训、扶智培训。

表 3-8　贵州易地扶贫搬迁安置点搬迁群众全员就业培训情况

一级指标	二级指标	三级指标	频数	占比（%）
3. 扎实推进全员培训	9. 做好组织发动	（1）对未稳定就业和未接受培训的搬迁劳动力，进行逐户摸底排查	171	100.00
		（2）在迁出地和安置地增设宣传标语，引导搬迁劳动力主动学技能	171	100.00
		（3）通过广播、电视、宣传手册等多种方式，大力宣传培训脱贫典型	165	96.49
	10. 创新培训方式	（1）组织搬迁劳动力通过"农民全员培训电视点播频道"接受培训	171	100.00
		（2）组织培训机构、专家、技术人员对搬迁劳动力开展多种形式的培训	145	84.80
		（3）对不愿外出就业和因照顾老人、小孩等原因无法就业的，就近开展手工艺加工等培训	96	56.14
		（4）依托企业、农民专业合作社和扶贫车间等生产主体开展以工代训	114	66.67
		（5）引导搬迁家庭中未继续升学的初、高中毕业生到职业学校和技工院校学习技能	57	33.33
	11. 完善培训内容	（1）分类设置课程和培训标准，分产业、分层次、分岗位、分时段培训	171	100.00
		（2）围绕制造业、建筑业、服务业、旅游业、电子商务等行业的用工需求开展常态化培训	171	100.00
		（3）对搬迁劳动力开展劳动维权、职业道德、安全生产等培训	93	54.39
		（4）对搬迁群众开展感恩教育和市民意识培训	171	100.00
	12. 落实技能培训补贴	（1）对吸纳搬迁劳动力就业并开展以工代训的生产经营主体，根据条件给予一定培训补贴	102	59.65
		（2）对开展搬迁劳动力脱产培训的培训机构或用工企业，根据培训天数和就业情况，落实培训补贴	84	49.12
		（3）对建档立卡贫困户所需培训补贴由扶贫资金列支，非建档立卡贫困户的培训补贴从就业补助资金中列支	171	100.00

第三节　安置点搬迁群众培训和就业
服务政策实施的满意度分析

要让搬迁群众安心住得下去就要稳定他们的就业,务工是主要出路。要实实在在做好就业工作,不能搞形式主义。当前,贵州省易地扶贫搬迁移民的就业扶持政策体系已初步形成,但存在劳动者就业创业能力引导不强和"大水漫灌"的倾向。

一、就业培训服务工作协同不足

(一)群众培训就业服务主体协同不到位

对于培训就业档案,归档管理和全程跟踪服务,只有 57.26% 安置点搬迁群众表示满意。安置点搬迁群众不满意的原因是,认为培训就业档案的建设不能及时更新。在就业渠道上,安置点搬迁群众以别人介绍方式就业的约为 46%,比重较大;以政府安置方式就业的为 16%,排第二;以自己寻找方式就业的为 14%,相对较少。这说明政府在解决移民就业方面的协同性不强。一是各服务主体间缺乏信息沟通,不能及时掌握培训就业信息;二是政府部门习惯以高度集权化、严格层级化的方式搜集相关信息,导致就业服务信息工作脱离本地实际、缺乏活力、效率低下。

(二)《岗位信息数据库》偏离群众需要

调查发现,对人社部建立的《岗位信息数据库》,只有 62.10% 的群众表示满意。群众不满意的主要原因是以下几点:一是安置点搬迁群众的文化水平低,缺乏职业技能,现有《岗位信息数据库》的工资较高的岗位往往需要一定的专业技术水平,缺乏适合安置点搬迁群众技水平的就业岗位。二是虽然一些地方的群众培训和就业服务信息系统已上线，实现了"一键登录、全网通办"，但是存在服务页面设置不够友好、服务项目有限、指南不够清晰、解释不够亲民等问题，让安置点搬迁群众使用不便，导致体验不够好。三是服务参与主体协同不到位，信息更新不及时，不能使用人单位招到满意的劳动力，求职者找到心仪的工作。

（三）安置点就业服务中心服务不够专业

调查发现，安置点搬迁群众对安置点挂牌成立的就业创业服务中心的服务，表示满意的只有66.63%。一是群众培训和就业服务中心因工作人员属临时聘用、工资待遇有限、缺乏有效激励机制和岗位上升空间，导致岗位人员流失大、业务能力和工作效率低，难以实现一窗全程的高品质服务要求。二是包括人社部门的人员在内的各级就业服务机构人员，大多没有参加过专业的职业指导培训，没有取得职业指导师资质，对就业政策和就业指导理解不够透彻，不能为安置点搬迁群众提供专业的就业培训和指导服务。三是在各安置小区组建的就业志愿服务队，尽管能够开展上门服务、定点服务，对未就业劳动力的就业和培训需求信息进行收集管理，但未能为就业人员搭建便利的就业信息平台。

表3-9　贵州易地扶贫搬迁安置点搬迁群众培训就业基础工作满意度情况表

三级指标	非常满意	占比（%）	比较满意	占比（%）	满意	占比（%）	不太满意	占比（%）	很不满意	占比（%）	满意度（%）
1. 你对安置点搬迁群众的培训就业档案，归档管理和全程跟踪服务满意吗	355	10.49	484	14.31	1098	32.46	762	22.52	684	20.22	57.26

三级指标	非常满意	占比（%）	比较满意	占比（%）	满意	占比（%）	不太满意	占比（%）	很不满意	占比（%）	满意度（%）
2. 你对人社部建立的《岗位信息数据库》满意吗	662	19.57	550	16.26	889	26.28	687	20.31	595	17.59	62.10
3. 你对安置点挂牌成立的就业创业服务中心的服务满意吗	750	22.17	684	20.22	820	24.24	570	16.85	559	16.52	66.63

二、就业渠道稳岗增收能力不强

（一）就地就近就业稳岗能力弱

检验农村工作成效的一个重要尺度,就是看农民的钱袋子鼓起来没有。① 为此,需要通过增强农民工务工技能、提高农民进入市场的组织化程度,这样才能多途径增加农民收入。由表3-10可见,对当地工业园区、产业园区提供的就业岗位,76.47%的群众表示满意。据调查,安置区群众有约三分之一是在县内就业,其不满意的原因有两方面:一是就业的是由政府支持发展的草莓、辣椒等初级产业所新增加岗位,这些岗位门槛低、收入低,工作枯燥重复,无上升发展空间,因此长期稳岗能力弱;二是扶贫车间吸纳就业和政府开发的公益性岗位,这类岗位本身的可供给数量比较有限,同时高度依赖财政支出的支持,当后期缺乏中央、省山等上级财政支持时,类似的新增岗位会失去发展的可持续性,当政策回潮之后很可能会伴随着就业市场萎缩。

---

① 《保持战略定力增强发展自信　坚持变中求新变中求进变中突破》,《人民日报》2015年7月19日。

（二）劳务组织化尚未完全实现

对于在对口帮扶城市或经济发达地区的劳务协作下获得满意的劳动岗位,安置点搬迁群众的满意度为 77.15%。一是因为疫情影响,在经济下行压力增大和疫情的双重影响下,对口帮扶企业用工需求已趋于饱和;二是因为现有安置点搬迁群众培训和就业服务体系着重服务的对象是有就业意愿但尚未实现就业的困难群体,对有用人需求的用人单位的关注则较少,导致不能完全掌握劳动力市场企业的用工需求。

（三）创业带动就业门槛太高

调查表明:"有创业意愿的失地农民比例高达 79.2%"[①],安置点搬迁群众对所在地的农民工创业园(点)的带动创业就业情况的满意率也高达 81.41%。但访谈发现,也有部分群众对创业园(点)的创业就业工作不满意,一是受自身的性别、年龄、文化程度影响,觉得创业风险太大,门槛太高;二是亲戚朋友中缺乏创业者和干部,无法获得创业经验,也无法获得税费减免、资金补贴、场地安排方面的优惠;三是创业启动资金不足,不能获得足够的信用社贷款。

（四）安置点产业配置有待加强

安置点就业扶贫车间、就业扶贫基地是安置点搬迁群众稳定就业的重要载体。在地方政府和工信、投资促进、扶贫、农业农村等部门的共同努力下,引进了一批适合安置点搬迁群众就业的劳动密集型企业,创建了一批扶贫车间,为安置点劳动力提供了居家就业的机会。然而,群众对此的满意度为 83.36%。相关企业反映,一些地方为了解决部分搬迁移民的就业问题,存在对扶贫车间随意下指标、摊派任务的现象,要求企业完成一定数量的安置点搬迁群众的就业指标,这使企业在

---

① 赵清军、张非凡、阙春萍等:《失地农民创业意愿及其影响因素分析——基于福建省 A市的调查数据》,《湖南农业大学学报(社会科学版)》2018 年第 1 期。

一定的发展压力下不得不降低用工工资,进而引发群众的不满。

（五）困难人群不满托底就业

为了稳妥解决困难群众的就业困难问题,贵州省规定,各地按照每年新增或调剂公益性岗位不低于30%用于解决安置点搬迁群众就业的要求,优先落实困难人群到保洁保绿、治安协管、护河护路、孤寡老人和留守儿童看护等各类岗位就业,这项措施比较有效地解决一部分人的就业问题,群众的满意度达到了83.36%。当然,也发现这项工作还存在改进的地方。群众不满的主要原因有三个:一是认为这些岗位太累,工资太低。实际上是"扶上马送一程"的人性化帮扶思维,在一定程度上造成一些待就业贫困户"等靠要"思想,很多增进就业的举措没有很好地内化为提高劳动者本身的就业和增收能力。二是尽管一些过于优惠的就业政策能有效帮助贫困户迅速实现就业脱贫,但导致了其他无法享受到同等的政策福利的就业困难群体的不满。三是就业相关的联络沟通、信息传达、帮扶维权等服务工作没有及时跟上,无法让外出务工人员做到放心。

表3-10 贵州易地扶贫搬迁安置点稳定就业增收渠道满意度统计表

三级指标	非常满意	占比（%）	比较满意	占比（%）	满意	占比（%）	不太满意	占比（%）	很不满意	占比（%）	满意度（%）
4. 你对当地工业园区、产业园区提供的就业岗位满意吗	850	25.13	764	22.58	973	28.76	462	13.66	334	9.87	76.47
5. 安置点搬迁群众都能够在对口帮扶城市或经济发达地区的劳务协作下获得满意的劳动岗位吗	614	18.15	737	21.79	1259	37.22	417	12.33	356	10.52	77.15

续表

三级指标	非常满意	占比（%）	比较满意	占比（%）	满意	占比（%）	不太满意	占比（%）	很不满意	占比（%）	满意度（%）
6. 你对安置点所在地的农民工创业园（点）的带动创业就业情况满意吗	885	26.16	750	22.17	914	27.02	467	13.80	367	10.85	75.35
7. 安置点建设的劳动密集型企业或扶贫车间，能为留守劳动力提供满意的居家就业机会吗	853	25.21	770	22.76	1131	33.43	426	12.59	203	6.00	81.41
8. 安置点搬迁群众中的就业困难人员都能在治安巡防、养老服务、公路养护等服务管理类岗位上实现满意就业吗	820	24.24	856	25.30	1144	33.82	395	11.68	168	4.97	83.36

三、就业培训形式内容成效不显

（一）就业培训工作组织发动不够

做好搬迁群众的就业培训工作,需要抓实培训宣传,即需要向群众讲清楚培训的意义、内容、目标、步骤和要求等。安置点大多能够通过广播电视、网站、微信以及宣传手册等方式,引导安置点的搬迁劳动力参加培训和转移就业,群众培训与就业服务部门也能够逐户摸底排查搬迁劳动力的就业和培训情况,也能通过标语、广播、电视、网站、微信、宣传手册等多种方式,大力宣传培训脱贫、就业致富典型,激发搬迁劳动力主动参加培训和转移就业的积极性。然而,效果并不理想,仅有55.87%的群众对就业培训的组织发动工作表示满意。

（二）有的就业培训的内容形式脱离实际

在职业培训政策宣传中，突出强调培训的覆盖面和补贴的力度，没有在政策安排上增加对培训效果的引导，造成部分安置点搬迁群众培训参加了很多，可是成效并不明显，群众满意度为65.47%。主要原因有以下两点：一是部分安置点的就业培训内容没有真正按照"因人施培、因岗定培、因产施培"的原则确定，许多培训是面向大众的，而不是定向、订单式的技能培训。二是部分安置点的就业培训内容没有科学设置课程和培训标准，没有针对省内外相关企业的用工需求和安置点劳动力特点，培训缺少针对性和有效性，无法真正增强安置点搬迁群众的就业创业能力。

表 3-11 贵州易地扶贫搬迁安置点推进全员培训满意度情况表

三级指标	非常满意	占比（%）	比较满意	占比（%）	满意	占比（%）	不太满意	占比（%）	很不满意	占比（%）	满意度（%）
9. 安置点以广播、电视、网站、微信、宣传手册等方式，引导搬迁劳动力参加培训和转移就业，让你满意吗	603	17.82	428	12.65	859	25.39	695	20.54	798	23.59	55.87
10. 你对安置点的搬迁劳动力的就业培训形式满意吗	570	16.85	564	16.67	1262	37.30	687	20.31	300	8.87	70.82
11. 你对安置点的就业培训内容满意吗	653	19.30	636	18.80	926	27.37	512	15.13	656	19.39	65.47
12. 你对各类搬迁劳动力就业的生产经营主体和开展搬迁劳动力脱产培训的培训机构（含用工企业等）获得补贴满意吗	670	19.80	592	17.50	920	27.19	359	10.61	842	24.89	64.50

第四节　安置点搬迁群众培训和就业
服务政策实施的优化

为了达成目标,统一思想,通盘谋划,同步推进是十分必要的。要推动安置点搬迁群众培训和就业服务取得实效,需要构建政府主导下的多元主体协同服务的机制。当前,贵州要运用协同治理理论,以信息技术构建就业的瞄准机制,发挥技能培训工作正向外部效应,以需求为导向提升全员培训效果。

一、以信息技术构建就业的瞄准机制

（一）畅通安置点搬迁群众的民意表达渠道

畅通搬迁群众民意表达渠道是提高群众培训和就业服务水准的重要条件。安置点要转变服务观念,积极引导安置点搬迁群众建立起新的归属感,主动投身于安置点的公共事业。一是要充分利用入户调查、集体座谈、意见收集箱、微信公众号等,拓宽安置点搬迁群众对培训和就业服务的需求反馈渠道。二是要在安置点民意民情收集中做到马上落实、立刻办理、跟踪问效和隐私保护,激励群众真实表达个人就业意见。三是强化防贫动态监测帮扶和巩固保障成果,要根据年度监测标准,精准确定监测对象。要充分尊重并倾听安置点搬迁群众的意见,积极回应安置点搬迁群众的就业需要。

（二）建设群众培训就业服务信息平台

数据化是信息化服务的基础,要加强数据库互联互通,搭建覆盖广泛、功能强大的就业数据中心,能够让数据代替群众跑腿,提高就业服务的质量。为此要打破数据壁垒,尽快建立跨区域就业数据共享平台;

要建立公安、民政、税务、市场监管等数据互联互通机制,向自主创业人员精准推送金融、政策信息;要通过定期交换就业数据,让基层政府及时了解掌握就业、失业方情况,从而对就业政策进行及时调整。

（三）创建"互联网+"就业服务新模式

一是要把前端服务、线上线下招聘信息、智能服务一体机、手机应用、微信小程序等加以整合,使之成为提供劳动者信息和招聘资源的"线上+线下"就业超市。二是要通过信息系统平台数据分析对比,打通供给方和需求方的信息渠道,实现用工主体和务工者的有效对接。三是要扩展信息技术应用场景,通过开展远程培训、远程面试辅导、在线职业指导课程等,缓解基层专业人员缺乏的困境,提供高质量的群众培训和就业服务。

二、发挥技能培训工作正向外部效应

（一）打造线上线下就业信息发布矩阵

一是统筹使用网络和地面渠道,广泛收集省内外岗位信息并印制成册,分发给安置点搬迁群众和帮扶干部,让帮扶干部根据帮扶对象的实际推荐工作岗位,对就业意愿不强的贫困户开展交心谈心、跟进服务;二是通过贵州省电子公文交换系统、贵州省劳动力转移就业工作群等定期发布岗位信息,确保不同年龄阶段、不同受教育背景的受众群体都能接收到对口就业信息;三是对"能外出、不可远行"的,要依托"两园五基地",大力号召本地企业、生产合作社、餐饮宾馆、快递配送等为贫困劳动力提供就业岗位;四是对家庭情况特殊、没有产业支持的劳动力,要设法通过扶贫车间吸纳、开发公益性岗位等措施帮助其解决就业难题。

（二）"分级分类"职业介绍精准施策

一是用分级分类的方法,通过外地劳务输出、本地企业吸纳、扶贫车间吸纳、做强产业带动、开发公益岗位等方式,释放就业机会,拓宽就业渠道,最大限度促进安置点搬迁群众转移就业实现脱贫。二是对"能外出、可远行"的,借力定点帮扶、扶贫协作,加强区域劳务协作,通过对接省外人力资源市场、用人单位收集就业岗位,举办劳务对接招聘会,实现县外输出就业。三是要理顺服务供给方各主体的关系,依靠市场的作用,构建政府主导下多元主体协同治理机制,从而促进群众培训和就业服务供给多元化。四是在劳务输出集中的浙江、广东、福建和省内县市,成立流动党支部,用基层党组织的战斗堡垒作用促进稳岗就业,用党员干部的模范示范作用带动务工人员创先争优。在集中输入地设立服务工作站,在企业派驻联络员,组织务工人员成立务工联盟。

(三)充分培育安置点搬迁群众就业创业的内生动力

巩固拓展脱贫攻坚成果,需要增强搬迁群众内生发展动力。因受长期小农经济生活的影响,部分安置点搬迁群众形成了小进则满的思想。因此,还要引导他们改变安于现状的思想。一是对想要自主创业的贫困户,有针对性地发放有关创业担保贷款的宣传册,讲明创业优惠政策、解答疑问顾虑,手把手指导补助申办流程,为贫困户赶走创业路上的拦路虎,进一步激发安置点搬迁群众干事创业的积极性,鼓舞搬迁贫困户脱贫的信心,增强致富的能力。二是要引导安置点搬迁群众从思想上根源上实现"要我富"到"我要富"的彻底转变。在职业培训中积极引入职业规划课程,让安置点搬迁群众对自身条件建立清晰的认知,确立合理的工作目标,找到可行性途径,实现自身价值和人生追求。三是要让安置点搬迁群众中的致富带头人分享脱贫经验,用身边人的切身经历,潜移默化地影响安置点搬迁群众的择业观,激发他们脱贫致富的积极性和内生动力。

（四）提升安置点产业的就业服务意识

服务质量是影响搬迁群众参与培训的重要因素。提升安置点群众就业培训积极性：一是要群众培训和就业服务的管理和培训机构树立以人民为中心的理念，全心全意为安置点搬迁群众提供全流程服务，多渠道采集招聘信息，建立用人单位服务台账；二是做好劳动力匹配推荐服务，鼓励安置点企业自觉把企业发展目标和承担社会责任有机统一起来，用企业文化熏染群众的就业择业观。

（五）以点带面转变安置点搬迁群众就业观念

榜样的示范作用是无穷的。要以榜样转变群众的就业观念。一是要在发挥服务机构工作人员服务就业积极性的同时，重视广大安置点搬迁群众中志愿力量在就业服务中的重要作用，比如发挥品德、才学俱佳的受人尊崇的"乡贤"的影响力，促进安置点搬迁群众就业观念的养成，二是依靠文化水平相对较高、视野更开阔的创业成功人士，通过创业成功人士的观念引导和榜样教化作用，引导安置点搬迁群众自觉接受新思想、新事物、新理念，培养开放包容的就业观念。

三、以需求为导向提升推进全员培训

（一）提升服务人员综合业务素质

群众培训和就业服务机构的素质很大程度影响着就业服务对象的满意度。提升就业服务工作品质：一是要加强工作人员综合业务素质的培养和锻炼，要突出在编人员的主体地位，增强在编人员的责任意识，坚持绩效考核的正向激励与责任追求并重，杜绝懒政怠政行为；二是要拓宽就业服务人员的培训覆盖面，提高培训专业性，加大培训力度。要将培训名额向聘用制人员倾斜，加强培训的针对性，增加职业规划、职业指导等内容的培训；三是要加强服务人员之间的业务交流，通

过轮岗锻炼的方式推动他们相互学习,充实业务能力。

(二)探索就业服务助理员制度

大量聘用制人员的存在和不合理的绩效考核机制是目前群众培训和就业服务水平不高的重要因素。破解这一难题:一是要在坚持聘用制为主的前提下,试点推行就业服务助理员工作模式,把综合素质优、工作能力强的人员聘用为就业服务助理员,通过后续的在职培训逐步提高业务能力,以此改变聘用制人员流动性大、业务能力差的弊端;二是要通过考核机制增强助理员的集体归属感和集体责任意识,运用满意度评价、末位淘汰机制等考评模式,定期对助理员开展政治意识、服务意识、满意度等方面的综合考核,使他们打消不思进取、安于现状的工作态度。

(三)发挥技能培训的正向外部效应

鼓励非营利组织参加群众培训和就业服务,既能使政府脱离具体事务性工作的牵绊,又能充分发挥非营利组织优势。一是要回归到"让专业的人做专业的事"的科学定位,避免"有形之手"与"无形之手"同时缺位,要加强与民营机构的合作,为社会治理注入新动能。二是通过购买公共服务的方式,将部分群众培训和就业服务交给专业化的民营机构来提供。三是引入市场竞争机制,降低服务成本,鼓励社会各类职业介绍、职业培训等民营机构加入到群众培训和就业服务的队伍中来,大幅提升服务质效和满意度。

(四)创新群众就业培训的内容方式

一是立足贵州省情,结合发展目标,制定《贵州省技能扶贫专项行动工作方案》,争取职业教育、扶贫开发、农业农村等多部门的支持,建立免费"培训集市"满足不同人群需求;二是实行带薪实训,积极探索"企业+基地+农户"的培训模式,即整合实用技术学校等各类培训资源,依托农业开展生产技术培训,依托制造业、服务业开展职业技能培训,依托职业院校开展创业培训,依托用工需要开展点单式培训;三是精准掌握未转移就业人员的培训需求、就业意愿、帮扶计划清单,通过精准化的技能培训,做到送基础教育到村、送学习机会到户、送专业技术到人。

第四章　贵州易地扶贫搬迁安置点文化服务政策实施研究

　　共同富裕是人民物质生活和精神生活都富裕。为进一步加强和完善易地扶贫搬迁安置点社区文化建设，丰富安置点搬迁群众精神文化生活，根据中共中央办公厅、国务院办公厅下发的《关于加快构建现代公共文化服务体系的意见》和国务院扶贫办等 13 个部门颁布的《关于开展扶贫扶志行动的意见》等文件要求，贵州省结合城镇化集中安置的实际，制定了《关于加强和完善易地扶贫搬迁安置点文化服务体系的实施意见》，要求进一步加强扶贫搬迁安置点在公共文化服务方面的功能。研究贵州安置点文化服务政策实施情况，分析存在的问题并提出改进建议，对于提高安置群众的获得感、幸福感和安全感，进而巩固扶贫搬迁成果具有重要意义。本章主要调查分析贵州省扶贫搬迁安置点的文化服务现状如何？有哪些有益的实践？面临哪些实际困难？在此基础上试图探究解决安置点文化服务问题的政策方向，为现阶段完善公共文化服务体系提供政策参考。

第一节　安置点文化服务政策实施的评价体系

　　公共文化服务是满足公民文化权益的主要途径，改进公共文化服务，需要推动文化治理。课题组基于贵州《关于加强和完善易地扶贫搬迁安置点文化服务体系的实施意见》,同时也参考了中共中央办公厅、国务院办公厅印发的《关于加快构建现代公共文化服务体系的意见》和国务院扶贫办等 13 个部门颁布的《关于开展扶贫扶志行动的意见》等文件要求,制定了《贵州易地扶贫搬迁安置点基本文化服务政策实施情况评价体系》和《贵州易地扶贫搬迁安置点基本文化服务政策实施满意度测评指标体系》。

一、文化服务政策实施分析的核心概念

(一)公共文化服务

公共文化服务是满足公民文化权益的主要途径,参与和享受优质多样的公共文化活动是人民的美好生活需要。为了推动公共文化服务蓬勃发展,把公共文化服务提升到一个更高的层次,我国在 2017 年 3 月正式施行文化领域第一部重要法律《公共文化服务保障法》,形成了我国现代公共文化服务体系的主要制度框架。

对于公共文化服务的内涵,并没有完全一致的认识。《公共文化服务保障法》指出:"公共文化服务是指以政府主导、社会力量参与,以满足公民基本文化需求为主要目的而提供的公共文化设施、文化产品、文化活动以及其他相关服务。"[①]由此可以发现公共文化服务具有以下特征:一是具有公益性,即面向广大社会群众,以保障公民享有基本文化权利为目的。二是鼓励社会力量参与,但由政府主导,以政府财政为主要的资金来源。三是包括公共文化设施建设与使用、文化产品开发、文化活动组织,以及资金投入、人才培养、技术手段和政策保障机制等诸多方面。在农村欠发达地区推动公共文化精准服务,一方面有助于克服传

---

① 《中华人民共和国公共文化服务保障法》,《人民日报》2017 年 2 月 3 日。

统的公共文化服务呈现的目标偏离、供需失衡、效能不高等弊端,巩固农村贫困地区文化扶贫效果,另一方面有助于满足贫困农户逐级提升的文化需要,从而为社会良性发展奠定基础。

（二）文化治理

改进公共文化服务,需要推动文化治理。"文化治理"是国内学界近几年提出的新范畴,属于文化研究的新领域,是由"治理"与"文化"相结合而形成的概念。1994 年,何子满在《文化治理》中第一次提出"文化治理"。2003 年,王志弘对"文化治理"进行了较为系统化和学理化的界定。2012 年,胡惠林基于文化产业发展的研究维度分析文化的社会治理功能时,首先提出了"国家需要文化治理"的主张。2013年,党的十八届三中全会在把"国家治理体系与治理能力现代化"确立为我国全面深化改革的总目标的时候,把文化治理作为与经济治理、政治治理、生态文明治理和社会治理并列的"五位一体"的内容。

当前,学界对"文化治理"的理解主要有两方面:一是把文化作为一个治理对象,研究治理文化产业、文化生态、文化行为等的方式方法;二是把文化作为一种主要的治理工具,用于对个体、社区以及社会的治理。文化治理坚持"多元主体"多中心论,提倡政府由"管"文化向"治"文化转变,国家和政府主导下的各种机构(包括社会、公民个体)都应通过对话、协商、参与等方式参与文化治理。文化治理是"国家通过采取一系列政策措施和制度安排,利用和借助文化的功能用以克服与解决国家发展中问题的工具化,对象是政治、经济、社会和文化,主体是政府+社会,政府发挥主导作用,社会参与共治。特点是主动寻求一种创造性文化增生的范式实现文化的包容性发展"[1]。

---

① 胡惠林:《国家文化治理:发展文化产业的新维度》,《学术月刊》2012 年第 5 期。

（三）公共文化服务政策

政策是实践开展的先决条件，公共文化服务政策是国家为了保障公民基本公共文化服务权利，满足公民基本公共文化需求，而制定出来的规范具体公共文化服务的政策。2015年以来，国务院和有关部委先后发布了《国家基本公共文化服务指导标准（2015—2020年）》等文件，从设施建设、服务内容、人才队伍、科技创新、示范区建设和制度设计等方面，对包括易地扶贫搬迁安置区在内的公共文化服务提出了详细的规划。

表4-1　2015年以来国家层面的公共文化服务政策

发布时间	政策文件	相关内容
2015	《国家基本公共文化服务指导标准（2015—2020年）》	文化部……会同有关部门建立对标准实施情况的动态监测机制和绩效评价机制，加强督促检查，积极引入社会第三方开展公众满意度测评
2016	《公共文化服务保障法》	县级以上人民政府应当将公共文化服务纳入本级国民经济和社会发展规划……加强公共文化设施建设，完善公共文化服务体系，提高公共文化服务效能
2017	《国家"十三五"时期文化发展改革规划纲要》	加快构建普惠性、保基本、均等化、可持续的现代公共文化服务体系
2017	《"十三五"推进基本公共服务均等化规划》	深化公益性文化事业单位改革，积极搭建公益性文化活动平台，以群众需求为导向，推行"菜单式""订单式"公共文化服务
2017	《文化部"十三五"时期公共数字文化建设规划》	到2020年，基本建成与现代公共文化服务体系相适应的开放兼容、内容丰富、传输快捷、运行高效的公共数字文化服务体系
2017	《"十三五"时期繁荣群众文艺发展规划》	以丰富人民群众精神文化生活、保障人民群众基本文化权益为出发点和落脚点，激发人民创造活力，繁荣群众文艺……为构建现代公共文化服务体系和建设社会主义文化强国提供有力支撑

续表

发布时间	政策文件	相关内容
2018	《2018年全国基层文化队伍培训工作计划》	开展县级图书馆馆长、文化馆馆长轮训和群众文艺创作骨干培训,发挥示范带动作用,进一步加强基层文化队伍建设,为文化建设提供人才支撑,提高公共文化服务效能
2018	《关于开展扶贫扶志行动的意见》	进一步加强扶贫扶志工作,激发贫困群众内生动力
2021	《"十四五"公共文化服务体系建设规划》	努力提供更高质量、更有效率、更加公平、更可持续的公共文化服务,切实保障人民群众基本文化权益
2021	《关于进一步加强非物质文化遗产保护工作的意见》	保护好、传承好、利用好非物质文化遗产,延续历史文脉、坚定文化自信、推动文明交流互鉴、建设社会主义文化强国

（四）公共文化服务政策评估

公共文化服务政策是政府的管理工具,应注重科学性。进一步完善公共文化服务政策,离不开对公共文化服务政策实施评估研究。目前,评估政策的研究比较薄弱,实践的应用也亟待加强。赵军义对政策文本和公共文化服务价值评估,划分出四个维度的社会情况,提倡关注不同社会情境下的政策工具特点[1]。凌金铸等尝试构建了公共文化服务政策实施评估的理论体系和政策评估的效果指标模型[2]。余海燕认为公共文化政策的执行效果需要群众认可,因而从政策执行受众——人民群众的视角对重庆市渝中区公共文化服务政策的执行效果进行评价[3]。公共文化服务政策评估是评估实践的依据和准则,目前对政策

[1] 赵军义:《民族地区公共文化服务政策评估——政策工具与政策注意力视角》,《广西社会科学》2020年第9期。

[2] 凌金铸、王俞波、徐辰:《公共文化服务政策评估体系的指标、结构与模型》,《中国文化产业评论》2014年第1期。

[3] 余海燕:《重庆市渝中区公共文化服务政策执行效果评价研究》,西南大学2019年博士学位论文。

的解读和研究有待完善。

自 2010 年以来,我国围绕评估准则、评估主体、评估工具、评估类型、评估对象等展开了持续深入研究,取得了丰硕研究成果。未来,相关研究可在评估政策完善、关注评估主体的角色和地位、重视评估人员的素质、跟踪评估工具的实践反馈等方面努力。本章依据贵州省《关于加强和完善易地扶贫搬迁安置点基本公共服务体系的实施意见》,主要选取加强民族文化传承与保护、推进安置社区文化设施建设、开展感恩教育、创建文明社区、丰富安置社区文化活动内容、抓好社区文化队伍建设等六个与安置区移民文化服务密切相关的指标,以它们构建易地扶贫搬迁安置点文化服务政策实施评价体系。

二、文化服务政策实施分析的指标体系

(一)安置点基本文化服务政策实施情况评价体系

贵州易地扶贫搬迁安置点文化服务政策实施情况评价体系的设计主要是基于贵州《关于加强和完善易地扶贫搬迁安置点文化服务体系的实施意见》,同时也参考了根据中共中央办公厅、国务院办公厅的《关于加快构建现代公共文化服务体系的意见》和国务院扶贫办等 13 个部门的《关于开展扶贫扶志行动的意见》等文件要求,形式是总加量表,肯定回答得 1 分,否定回答得 0 分。按照客观和主观相结合的原则和贵州易地扶贫搬迁的特色,本书在预调查和对客观指标分析的基础上,将贵州易地扶贫搬迁安置区的公共文化服务供给分为五类。贵州易地扶贫搬迁安置点基本文化服务政策实施情况评价体系如表 4-2 所示:

表 4-2 贵州易地扶贫搬迁安置点基本文化服务政策实施情况评价体系

一级指标	二级指标	三级指标
1. 文化设施建设	1. 社区文化实施建设	(1)在易地扶贫搬迁安置点规划和建设了配套公共文化服务设施
		(2)社区文化中心建设与城市发展同步规划、同步安排
	2. 建立综合性文化活动中心	(1)在安置点建设了集农家书屋、道德讲堂等功能于一体的综合性文化活动中心
		(2)文化活动中心设置了图书室、文体活动室、乡愁馆、志愿者服务工作站、广播室等
	3. 发挥社区文化设施的功能	(1)建设了文化体育活动广场,配套相应设施
		(2)社区文化设施能够广泛运用于公共文化体育活动
		(3)保障了搬迁群众接受文化素质培训和参加文体活动的基本权益
2. 开展感恩教育	4. 搬迁群众思想政治工作	(1)通过教育引导、实践养成和制度保障等推动搬迁群众感党恩、跟党走
		(2)用道德讲堂、移民夜校等设施宣传党的方针政策
		(3)合理引导社会预期,自觉把个人和小家的幸福与国家的发展联系起来
	5. 讲好搬迁故事	(1)大力宣传勤劳致富典型事迹和人物
		(2)用新旧住房对比照片讲好搬迁故事
		(3)用乡愁馆展陈引导群众感恩党的好政策
3. 创建文明社区	6. 大力推进移风易俗	引导搬迁群众破除红白喜事大操大办、封建迷信、酗酒赌博等陈规陋习
	7. 开展社区普法教育	引导居民依法维护社区秩序和安定团结,增强群众法治观念
	8. 建立评先选优常态化机制	常态化推进社区"文明家庭""勤劳致富模范户""身边好人"等评选宣传活动

一级指标	二级指标	三级指标
4. 丰富文化活动内容	9. 开展内容丰富的文化体育活动	(1)以优秀传统文化和特色文化为切入点开展文化体育活动
		(2)组建演出团体、民间文艺社团、健身团队等
		(3)结合中华传统节日、重要节假日、少数民族特色节日等节庆，开展文体活动
		(4)推动广场舞等群众文体活动向健康、规范、有序方向发展
	10. 抓好社区文化队伍建设	(1)指导和帮助安置点社区发展至少一支社区文化志愿服务队伍
		(2)为社区文化能人、文艺爱好者、非物质文化遗产传承人的传承活动创造良好条件
	11. 文艺创作生产	鼓励文艺工作者创作反映搬迁群众生产生活的优秀作品
5. 民族文化传承	12. 增强民族文化记忆	(1)在安置点建设中充分融入了标志性民族符号
		(2)打造了展示搬迁群众使用的生产生活用具等的乡愁馆
	13. 培养民族文化艺人和产业	(1)挖掘了搬迁群众中的民族文化艺人和民族民间工艺
		(2)实施了少数民族传统手工艺领军人才培训计划和少数民族传统手工艺企业扶持计划
		(3)发展起了一批民族传统手工艺产业
6. 服务保障措施	14. 加强组织领导	(1)县(市、区)建立"党委政府统一领导、文化行政部门主抓、社区配合、居民参与"的工作机制
		(2)各社区至少有 1 名工作人员具体负责社区文化工作
	15. 加大资金投入	(1)安置点社区文化建设纳入公共财政保障范围
		(2)采取措施鼓励社会资金支持社区文化建设
	16. 加强资源共享	(1)社区内宣传、教育、卫生、体育等场地设施实现了资源共享、高效利用
		(2)社区内的文化设施满足搬迁群众的文体活动需求

（二）安置点基本文化服务政策实施满意度测评指标体系

对于文化服务政策实施评价指标，学界的观点大致相同。寇垠等分析农民群众满意度的指标包括乡村文化设施的建筑规划、文化服务人员配置以及文化活动[①]。贺彦煜评价当地乡村文化服务满意度的指标主要是农民的文化艺术生活、文化设施的种类和数量、文化设施中的硬件设备[②]。张莉莉等认为乡村文化服务满意度的评价指标应当包括乡村文化的设施布局、项目规模、设施设备与文化人才[③]。本课题的安置点搬迁群众文化服务政策实施满意度测评指标体系,主要基于贵州《关于加强和完善易地扶贫搬迁安置点文化服务体系的实施意见》,同时也参考了《贵州省易地扶贫搬迁基本公共服务标准体系》,形式是李克特量表,非常满意得 5 分、比较满意得 4 分、满意得 3 分、不太满意得 2 分、很不满意得 1 分。本表适用于对安置点普通群众的调查。为了准确测评群众对群众培训和就业服务政策实施的满意度,我们主要选取 20 岁以上群众进行调查。贵州易地扶贫搬迁安置点基本文化服务政策实施满意度测评指标体系如表4-3 所示。

表4-3　贵州易地扶贫搬迁安置点基本文化服务政策实施满意度测评指标体系

一级指标	二级指标	三级指标
1. 文化设施建设	1. 社区文化中心建设纳入城市规划	1. 你对易地扶贫搬迁安置点配套的公共文化服务规划满意吗
	2. 建立综合性文化活动中心	2. 你对安置点建设的综合性文化活动中心和文化体育活动广场的设备满意吗
	3. 发挥社区文化设施的功能	3. 你对社区文化设施有效发挥的功能及作用满意吗

① 寇垠、刘杰磊:《东部农村居民公共文化服务满意度及其影响因素》,《图书馆论坛》2019 年第 11 期。

② 贺彦煜:《基于农户视角的农村文化服务满意度影响因素研究》,《湖北农业科学》2019 年第 14 期。

③ 张莉莉、郑永平、杨国永:《农村公共文化服务供给的公众满意度分析——以泉州市岵山镇为例》,《台湾农业探索》2019 年第 2 期。

续表

一级指标	二级指标	三级指标
2. 开展感恩教育	4. 开展感恩教育	4. 你对安置点讲好搬迁故事,教育群众牢记社会主义好、感恩党的好政策满意吗
	5 宣传致富典型人物	5. 你对用身边勤劳致富典型事迹和人物引导群众劳动致富满意吗
	6. 大力开展公民道德教育	6. 你对社区内大力开展公民基本道德规范和社会公德、职业道德、家庭美德教育满意吗
	7. 大力推进移风易俗	7. 你对安置点破除奢侈浪费、互相攀比、封建迷信、酗酒赌博等陈规陋习,形成崇尚科学、文明、节俭、诚信的良好风尚的工作满意吗
3. 创建文明社区	8. 开展社区普法教育	8. 你对安置点开展社区普法教育,增强群众法治观念满意吗
	9. 建立评先选优常态机制	9. 你对安置点推进"文明家庭""勤劳致富模范户""身边好人"等评选宣传活动常态化满意吗
	10. 丰富社区文化内容	10. 你对安置点文化体育活动的开展形式和内容满意吗
	11. 组建文艺社团	11. 你对安置点组建文艺社团,开展的各种文体活动满意吗
	12. 抓好社区文化队伍建设	12. 你对安置点为文化志愿服务队伍、社区文化能人、文艺爱好者、非物质文化遗产传承人创造的条件满意吗
	13. 文艺创作生产	13. 你对易地扶贫搬迁题材文艺创作的产品满意吗
4. 民族文化传承	14. 增强民族文化记忆	14. 你对安置点建设融入民族建筑文化元素和标志性民族符号,建设重现迁出地地理风貌、文化的乡愁馆满意吗
	15. 挖掘民族文化艺人	15. 你对安置点保留本民族特色手艺,挖掘民族文化艺人和民族民间工艺的工作满意吗
5. 服务保障措施	16. 加强组织领导	16. 你对安置点为社区文化服务建立的"党委政府统一领导、文化行政部门主抓、社区配合、居民参与"工作机制和工作格局满意吗
	17. 加大资金投入	17. 你对安置点社区公共文化经费保障情况满意吗
	18. 加强资源共享	18. 你对社区内宣传、教育、卫生、体育、科技等活动场地及设施的高效利用满意吗

第二节　安置点文化服务政策实施情况分析

精神文化孕育人的精神家园，决定人的精神状态，具有价值导向和民族凝聚等功能。多元文化服务有利于激发搬迁群众脱贫致富的内生动力。这些年来，宣传文化部门在安置点开展了内容多样的文化服务活动，丰富安置点搬迁群众的精神文化生活，进一步提升他们的文明素质。基层政府指导帮助各安置点组建的演出队、健身队、文化队伍等队伍积极根据民俗民情开展了许多文化活动，增强安置点搬迁群众之间的互动和交流，增强安置点搬迁群众的归属感和认同感，也改变了一些传统陋习。

一、社区文化服务设施按规建成

（一）社区文化中心建设纳入城市规划

在易地扶贫搬迁的规划过程中，贵州就为安置点文化服务提出了严格的要求，所有的安置点按照易地扶贫搬迁与文化治理相结合的文化保护搬迁模式，把社区文化中心建设纳入城市规划，与城市发展同步规划、同步安排，实现"搬出文化"。

（二）建立综合性文化活动中心

如表4-4所示，所有的安置点都建设了具有农家书屋、道德讲堂、远程教育、科学普及、技能培训、普法教育、广电网络、文体健身等功能的综合性文化活动中心或文化广场，初步保障了移民的文化生活需要。

（三）发挥社区文化设施的功能

通过第一批、第二批基层综合性文化服务中心示范点建设，打通公共文化服务"最后一公里"，基本保证了群众基本文化权益、提升了群众获得感和幸福感。许多地方通过了评估验收达到了贵州省的指标标准,即将实现全覆盖。94.74%的安置点配套建设了文化体育活动广场,由文化、体育、民族等部门提供相应设施。66.67%的安置点能够发挥社区文化设施的功能及作用,广泛开展公共文化体育活动。

表4-4　贵州易地扶贫搬迁安置点文化设施建设情况

一级指标	二级指标	三级指标	频数	占比（%）
1. 文化设施建设	1. 社区文化实施建设	(1)在易地扶贫搬迁安置点规划和建设了配套公共文化服务设施	171	100.00
		(2)社区文化中心建设与城市发展同步规划、同步安排	171	100.00
	2. 建立综合性文化活动中心	(1)在安置点建设了集农家书屋、道德讲堂等功能于一体的综合性文化活动中心	171	100.00
		(2)文化活动中心设置了图书室、文体活动室、乡愁馆、志愿者服务工作站、广播室等	171	100.00
	3. 发挥社区文化设施的功能	(1)建设了文化体育活动广场,配套相应设施	162	94.74
		(2)社区文化设施能够广泛运用于公共文化体育活动	114	66.67
		(3)保障了搬迁群众接受文化素质培训和参加文体活动的基本权益	171	100.00

二、感恩教育多层次多方面开展

（一）安置点搬迁群众思想政治工作

安置点大力开展公民道德教育。道德是推动社会文明的标志,是人间的"正能量"。安置点能够在宣传部、文明办、教育局等部门的支持下,在社区内开展各种形式的公民基本道德、社会公德、职业道德、家庭美德教育等道德教育。有的社区通过公民道德教育公益大讲堂等方式,引导安置点搬迁群众践行新时代文明实践活动;有的社区则以"建设幸福社区"为总抓手,开展以孝行带善行活动,提高社区孝德文明程度。

（二）宣传致富典型人物

为了进一步发挥脱贫致富先进人物的示范带动作用，激发安置点贫困群众脱贫致富的内生动力，61.40%的安置点根据相关要求，陆续开展了各种形式的"脱贫攻坚感恩奋进典型人物"学习宣传活动。他们在自己安置点中选出并宣传脱贫攻坚感恩奋进典型人物，用他们的勤劳致富事迹引导群众自强致富。

（三）讲好搬迁故事

在易地扶贫搬迁过程中，贵州坚持通过新时代文明实践中心、道德讲堂、移民夜校，在宣传党的路线方针和政策时，引导安置区移民把个人和小家的幸福与国家的发展联系起来，不仅较为有效地教育和引导群众牢记社会主义好，感恩党的好政策，而且帮助安置群众培育了自尊自信、理性平和、积极向上的社会心态和精神面貌。据调查，安置区的每一个家庭都张贴了新旧住房对比照片，利用新旧住房对比照片和乡愁馆、感恩馆、村史馆展示迁出地、迁入地生产生活设施条件对比等方式，帮助讲好搬迁故事。

表 4-5　贵州易地扶贫搬迁安置点开展感恩教育情况

一级指标	二级指标	三级指标	频数	占比（%）
2. 开展感恩教育	4. 搬迁群众思想政治工作	（1）通过教育引导、实践养成和制度保障等推动搬迁群众感党恩、跟党走	171	100.00
		（2）用道德讲堂、移民夜校等设施宣传党的方针政策	171	100.00
		（3）合理引导社会预期，自觉把个人和小家的幸福与国家的发展联系起来	171	100.00
	5 讲好搬迁故事	（1）大力宣传勤劳致富典型事迹和人物	105	61.40
		（2）用新旧住房对比照片讲好搬迁故事	171	100.00
		（3）用乡愁馆展示引导群众感恩党的好政策	18	10.53

三、文明社区创建基础得到夯实

（一）大力推进移风易俗

80.07%的安置点开展了移风易俗活动。其活动形式是多样化的，有的安置点把主要干部分成小分队，重点围绕"抵制高价彩礼，倡导婚嫁新风"主题，挨家挨户进行宣传教育；有的安置点以发放抵制"高价彩礼"宣传册或签订婚嫁新风倡议书、移风易俗承诺书等方式，引导教育村民积极响应并支持移风易俗。

（二）广泛开展社区普法教育

大力开展社区普法教育，有利于强化安置点搬迁群众的社会责任意识、规则意识、集体意识。调查发现，为了正确引导居民依法管理自己的事情，维护社区秩序和安定团结，不断增强群众法治观念，所有的安置点都开展了不同形式的社区普法教育。有的安置点以发放法律法规宣传资料的形式，向群众宣传《中华人民共和国未成年保护法》《中华人民共和国反家庭暴力法》等法律；有的安置点结合群众生活中的实际案例，用通俗易懂的语言讲解法律知识；有的安置点组织大家现场讨论家庭暴力和毒品对社会、家庭、个人的巨大危害，告诉群众遇事冷静，要自觉拿起法律维护自身合法权益。

（三）建立评先选优常态机制

建设评先选优常态机制，有助于树立标杆、表彰先进，激发广大群众干事创业的积极性、主动性和创造性。调查发现，78.95%的安置点都建立了社区评先选优常态机制。有的安置点在积极推进"文明家庭""勤劳致富模范户""身边好人"等评选宣传活动，用身边人身边事宣扬关爱社会、关爱他人、睦邻友善、守望相助、孝敬老人的美德，不断提升社区居民精神风貌；有的安置点评选发挥带头作用的优秀共产党员、从无怨言的基层服务者、具有凝聚力的优秀团队。

（四）丰富社区文化内容

随着生活水平的提高，人们需要日益丰富的文化产品。要增强社会主义先进文化的吸引力，弘扬社会主义核心价值观，需要不断丰富社区文化的内容。调查显示，各个安置点的社区文化活动比较丰富。有的安置点定期开展有本民族文化特色的文艺联欢会、展示演出本民族的传统文艺，促进文体队伍素质的整体提升；有的安置点着力引导群众用自己擅长的书法、舞蹈和歌曲等方式，为家乡美景、发展成就、身边典型点赞加油；也有的安置点组织了歌曲、舞蹈、相声等形式多样的文化比赛，满足基层群众精神文化需求。但是，只有 59.65% 的安置点能够以优秀传统文化和特色文化为切入点，开展内容丰富的文化体育活动。

（五）抓好社区文化队伍建设

安置点公共文化服务的对象是农民，这决定了要建立熟悉乡土文化的民间文艺社团，只有以农民为主体的文艺社团才能理解安置点农民的文化需求，能够让社区文化对安置点搬迁群众产生积极影响。调查显示，73.68% 的安置点建立了演出团体、民间文艺社团、健身团队，也有 26.32% 的安置点没有建立。另外，也有 75.44% 的安置点建立了社区文化志愿服务队伍。

（六）丰富群众文化活动

丰富安置点搬迁群众文化活动，需要有一支能够发挥业务指导、活动组织、人员培训等功能的社区文化队伍。调查显示，71.93% 的安置点曾结合中华传统节日、重要节假日、少数民族特色节日等节庆，开展了一些贴近生活、群众喜闻乐见的文体活动。91.23% 的安置点加强了对广场舞等群众文体活动的引导，推动广场文化健康、规范、有序发展。

（七）推动搬迁题材文艺作品的创作

在推动搬迁题材文艺作品的创作方面,安置点的实施行动不多。调查显示,31.58%的安置点采取一定措施支持社区文化能人、文艺爱好者、非物质文化遗产传承人从事易地扶贫搬迁题材文艺创作。这些安置点鼓励文艺工作者不断推出反映安置点搬迁群众生产生活巨变的优秀文艺作品,为讲好贵州易地扶贫搬迁故事,增强社区文化建设的生机与活力,创造了良好条件。

表4-6　贵州易地扶贫搬迁安置点创建文明社区情况

一级指标	二级指标	三级指标	频数	占比（%）
3. 创建文明社区	6. 大力推进移风易俗	引导搬迁群众破除红白喜事大操大办,封建迷信,酗酒赌博等陈规陋习	137	80.07
	7. 开展社区普法教育	引导居民依法维护社区秩序和安定团结,增强群众法治观念	171	100.00
	8. 建立评先选优常态机制	常态化推进社区"文明家庭""勤劳致富模范户""身边好人"等评选宣传活动	135	78.95
	9. 丰富社区文化内容	（1）推动广场舞等群众文体活动向健康、规范、有序方向发展	156	91.23
		（2）指导和帮助安置点社区发展至少一支社区文化志愿服务队伍	129	75.44
		（3）为社区文化能人、文艺爱好者、非物质文化遗产传承人的传承活动创造良好条件	54	31.58
		（4）鼓励文艺工作者创作反映搬迁群众生产生活的优秀作品	36	21.05
	10. 抓好社区文化队伍建设	（1）以中华优秀传统文化和特色文化为切入点开展文化体育活动	102	59.65
		（2）组建演出团体、民间文艺社团、健身团队等	126	73.68
	11. 文艺创作生产	结合中华传统节日、重要节假日、少数民族特色节日等节庆,开展文体活动	123	71.93

四、民族文化传承保护得到重视

（一）增强民族文化记忆

尊重少数民族安置点搬迁群众风俗习惯和民族感情,有助于实现文化与人一起搬,增强安置点搬迁群众的民族文化记忆。调查显示,所有的安置点能够因地制宜,加强安置社区民族特色风貌建设。比如,有的安置点在建筑上充分融入民族文化元素和标志性民族符号,重现迁出地地理风貌、文化。另有 10.53% 安置点打造了用于展示安置点搬迁群众使用的生产生活用具等的乡愁馆。

（二）保留好本民族特色手艺

在易地扶贫搬迁过程中,89.47%的安置点能够支持安置点搬迁群众保留好本民族特色手艺。有的安置点充分挖掘安置点搬迁群众中的民族文化艺人和民族民间工艺;85.96%安置点实施少数民族传统手工艺领军人才培训计划和少数民族传统手工艺企业扶持计划;77.19%安置点发展一批民族刺绣、蜡染、银饰等民族传统手工艺产业,既解决就业,又记得住乡愁。

表 4-7　贵州易地扶贫搬迁安置点民族文化传承与保护情况

一级指标	二级指标	三级指标	频数	占比（%）
5. 民族文化传承	12. 增强民族文化记忆	（1）在安置点建设中充分融入了标志性民族符号	171	100.00
		（2）打造了展示搬迁群众使用的生产生活用具等的乡愁馆	18	10.53
	13. 培养民族文化艺人和产业	（1）挖掘了搬迁群众中的民族文化艺人和民族民间工艺	153	89.47
		（2）实施了少数民族传统手工艺领军人才培训计划和少数民族传统手工艺企业扶持计划	147	85.96
		（3）发展起了一批民族传统手工艺产业	132	77.19

五、文化服务保障措施基本建立

（一）加强组织领导

加强安置点社区文化建设是构建现代公共文化服务体系的重要内容。调查显示，在市（州）、县（市、区）的支持下，建立了"党委政府统一领导、文化行政部门主抓、社区配合、居民参与"的工作机制和工作格局。所有安置点的文化服务，都健全了组织，加强了领导，至少有1名工作人员具体负责社区文化工作。

（二）加大资金投入

丰富安置点文化内容，资金投入是保障。《关于加强和完善易地扶贫搬迁安置点文化服务体系的实施意见》要求，各地要将安置点社区文化建设纳入公共财政保障范围。调查显示，所有安置点都建立了社区公共文化经费保障机制，采取了措施鼓励和引导社会资金在政府投入的带动作用下支持社区文化建设。

（三）加强资源共享

易地扶贫搬迁安置点都是新建改建或扩建社区，在资金有限的情况下，要在较短的时间里迅速改善其文化配套设施，往往有较大难度的。因此，在科学合理地开发社区文化资源的同时，加强安置点文化资源的共享具有很大的现实意义。调查显示，78.95%的安置点能设法与其他安置点一起整合社区内宣传、教育、卫生、体育、科技等现有活动场地及设施，促进资源优化配置、高效利用，满足安置点社区内搬迁群众开展各类文体活动的需求。

表 4-8　贵州易地扶贫搬迁安置点文化服务保障措施情况

一级指标	二级指标	三级指标	频数	占比（%）
6. 服务保障措施	14. 加强组织领导	（1）县（市、区）建立"党委政府统一领导、文化行政部门主抓、社区配合、居民参与"的工作机制	171	100.00
		（2）各社区至少有1名工作人员具体负责社区文化工作	72	42.11
	15. 加大资金投入	（1）安置点社区文化建设纳入公共财政保障范围	171	100.00
		（2）采取措施鼓励社会资金支持社区文化建设	171	100.00
	16. 加强资源共享	（1）社区内宣传、教育、卫生、体育等场地设施实现了资源共享、高效利用	135	78.95
		（2）社区内的文化设施满足搬迁群众的文体活动需求	93	54.39

第三节　安置点文化服务政策实施的满意度分析

平台是文化建设的载体。为进一步加强和完善易地扶贫搬迁安置点社区文化建设，贵州采取了许多有效措施搭建多种形式的文体活动平台，引导安置点搬迁群众深入践行社会主义核心价值观，弘扬新时代贵州精神，丰富了安置点搬迁群众的精神文化生活。然而，贵州安置点文化服务也面临文化供给标准化导致服务偏离需求、移风易俗格式化遭遇文化保护困境、城乡结构的断裂影响文明社区创建、民族文化的传承缺乏文化产业支持、文化服务格式化导致了"时空错位"等挑战。

一、文化供给标准化导致服务偏离需求

（一）社区文化中心配套设施不足

在最终的评价得分中，群众对公共文化服务设施规划的满意度为

85.11%,为一般偏上水平,这说明部分安置点公共服务设施的规划没有从实际出发,更没有对市场引起足够的重视。访谈发现,安置点搬迁群众不满意的主要是两个方面:一是文化场馆配套设施存在不足,难以较好地满足社区群众的需要;二是安置点公共文化服务由多家行政管理机构分头管理,他们之间缺乏密切协作,使得公共文化资源投资缺少统筹安排,以至于多地存在重复建设,造成了资源大量浪费。

(二)综合性文化活动中心体验感差

安置点搬迁群众对综合性文化活动中心的满意度为78.54%,满意度未达到良好。访谈结果如图4-1所示,公共图书室(也称为"农家书屋")与健身设施基本实现全覆盖,村委会门口也基本上设有阅报栏,方便村民浏览阅读,了解最新情况,部分安置点还设有活动中心和棋牌室,丰富了村民们的休闲时间,这些设施能基本满足村民文化与体育方面的需求,但不足之处在于两个方面:一是文化体育设施的使用率较低,村民无闲暇时间或是不想去公共图书室阅览或体育场地锻炼;二是对文化设施缺乏管理与维护,没有为居民提供读书的便利,使社区图书馆等几乎形同虚设,群众对公共文化服务的体验感较差;三是国家相关部门没有根据群众的需求偏好提供具有吸引力的文化服务,能够吸引安置点搬迁群众的有新意和创造力的文化产品和服务设施很少。

(三)安置点的公共文化设施的功能单一

目前,安置点公共文化服务存在资源供给不足的问题,对社区文化设施功能的发挥,安置点搬迁群众的满意度是70.8%。访谈发现,群众不满意的原因主要有以下几个方面:一是许多安置点在配置社区文化服务资源时,没有全面理解居民的需要,导致社区公共文化服务的特色和丰富程度不够;二是配置社区文化服务资源忽视了一些弱势群体,比如安置点的文化活动中心对肢体功能障碍的人群、年纪稍大的人群、

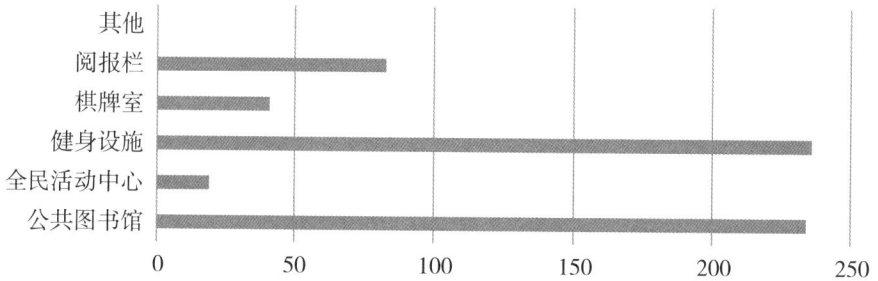

图 4-1　安置点文体设施情况

青少年和外出务工者的子女教育严重缺少关怀;三是尽管有的安置点为一些弱势群体确实设置了设施,如残疾人读书社、阅览室等,但没有人对这部分人群进行针对性服务,以至有些人群几乎找不到可以满足其需要的场所。

表 4-9　贵州易地扶贫搬迁安置点文化设施建设满意度情况表

三级指标	非常满意	占比(%)	比较满意	占比(%)	满意	占比(%)	不太满意	占比(%)	很不满意	占比(%)	满意度(%)
1. 你对易地扶贫搬迁安置点配套的公共文化服务规划满意吗	791	23.38	987	29.18	1101	32.55	366	10.82	138	4.08	85.11
2. 你对安置点建设的综合性文化活动中心和文化体育活动广场的设备满意吗	928	27.43	770	22.76	959	28.35	409	12.09	317	9.37	78.54
3. 你对社区文化设施有效发挥的功能及作用满意吗	644	19.04	787	23.26	964	28.50	665	19.66	323	9.55	70.80

二、移风易俗格式化遭遇文化保护困境

(一)搬迁故事的展示形式难以持续有效

忆苦思甜。今天,搬迁群众过上了越来越好的生活,就越来越需要理解生活的来之不易;要理解美好生活怎么来的,就需要我们共同讲好搬迁故事。调查发现,95.15%的安置点搬迁群众满意讲好故事活动。这些搬迁故事多以电影、电视剧为载体,因而具有一定的时效性。讲故事是舆论传播的通行方法,一个好故事胜过千言万语。要让易地扶贫搬迁故事持续有效地感染群众,还需要把故事物化,与群众的生活密切关系,比如通过有哲理、文化和味道的扶贫文化陈列馆和乡愁馆讲搬迁故事,就是一种可持续的感恩教育形式。

(二)致富典型人物的宣传影响不足

大力宣传脱贫致富先进典型,不仅有利于营造见贤思齐、崇德向善的浓厚社会氛围,而且有利于以身边事感染身边人,引导安置点群众通过自己的双手为自己建设环境美好的家园、创造幸福美满的生活。调查发现,80.58%的安置点搬迁群众对于致富典型人物宣传表示满意。访谈发现,群众不满意的原因有:一是在致富典型人物的宣传上,安置点虽然没有刻意拔高甚至弄虚作假,但因为对人物立得住的细节挖掘采访不够,未能在安置点群众中拥有强大的公信力;二是在致富典型人物的宣传中,尽管有的作品能够采取群众耳熟能详的语言和喜闻乐见的形式,但有一些作品采取的是小说、诗歌等脱离大多数群众生活的宣传形式,因而难以吸引受众,与群众产生共鸣。

(三)公民道德教育的开展面临复杂局面

对于开展公民道德教育,77.39%的安置点搬迁群众表示满意,满意度尽管不是特别高,但是难能可贵。安置点的思想道德教育不同于

学校德育,更加复杂和艰难。学校德育有明确的学生德育目标、有统一的德育计划、有稳定的德育内容、有严格的德育考核评价标准等;受安置点的社情民意、基础设施以及人财物保障等复杂问题限制,安置点群众的思想道德教育的诉求、目标、方式、激励与约束等具有明显的复杂性和多样性,任何一个环节不顺,都可能影响整个道德教育进程。

(四)移风易俗与民族文化保护出现冲突

对安置点破除奢侈浪费、互相攀比、封建迷信、酗酒赌博等陈规陋习,89.71%的群众表示满意。不满意的原因在于两点:一是作为民族地区少数民族的集中安置点,少数民族贫困人群都有着自己的文化习俗与生活习惯,如果是在安置小区里,这必然对不适应这种文化习俗其他民族产生影响。比如苗族同胞有着"无酒不成席"的说法,禁止敬酒则是对他们的一种失礼和冒犯。二是推进移风易俗,导致越来越多转移到安置新区的农户的生活习惯发生改变,比如以"浪哨"为代表的布依族对歌文化,在新环境下,常被当作"不合主流的情调"对待。

表 4-10　贵州易地扶贫搬迁安置点感恩教育满意度情况表

三级指标	非常满意	占比（%）	比较满意	占比（%）	满意	占比（%）	不太满意	占比（%）	很不满意	占比（%）	满意度（%）
4. 你对安置点讲好搬迁故事,教育群众牢记社会主义好、感恩党的好政策满意吗	1009	29.83	1123	33.20	1087	32.13	75	2.22	89	2.63	95.15
5. 你对用身边勤劳致富典型事迹和人物引导群众劳动致富满意吗	842	24.89	870	25.72	1014	29.97	512	15.13	145	4.29	80.58

三级指标	非常满意	占比（%）	比较满意	占比（%）	满意	占比（%）	不太满意	占比（%）	很不满意	占比（%）	满意度（%）
6. 你对社区内大力开展公民基本道德规范和社会公德、职业道德、家庭美德教育满意吗	514	15.19	948	28.02	1156	34.17	381	11.26	384	11.35	77.39
7. 你对安置点破除奢侈浪费、互相攀比、封建迷信、酗酒赌博等陈规陋习，形成崇尚科学、文明、节俭、诚信的良好风尚的工作满意吗	834	24.65	1009	29.83	1192	35.23	178	5.26	170	5.03	89.71

三、城乡结构的断裂影响文明社区创建

（一）开展社区普法教育

全面依法治国是实现国家治理体系和治理能力现代化的必然要求，推进全面依法治国需要加强全民普法。安置点作为社会管理的基本单元，不仅是党和政府联系群众的"最后一公里"，也是进行法治教育的"最后一公里"。对于社区开展的普法教育，91.37%的群众表示满意。他们认为推进全面依法治国，必须使普法教育内容生动有趣，必须使教学形式多样化，只有通过案例分析、情景剧、游戏等方式寓教于乐，才能让群众听得懂、学得会、能够用。

（二）建立评先选优常态机制

先进和优秀是中国共产党的鲜明特征和不懈追求。对于推进"文明家庭""勤劳致富模范户""身边好人"等评选宣传活动，安置点搬迁

群众满意度为 85.96%。"文明家庭""勤劳致富模范户""身边好人"等评选宣传活动具有重要意义。群众不满意的原因主要是两点：一是安置点不能够坚持从思想教育入手，引导安置点搬迁群众把创先争优作为动力融入工作，没有不断强化优秀的价值认同；二是新闻宣传的优秀事迹不能够深入人心，不能促进安置点的和谐发展。

（三）丰富社区文化内容

不断丰富社区文化内容，有利于安置点搬迁群众开展喜闻乐见的社区文化活动，进而增强对安置点的认同感和归属感。为了让群众享有"文化有阵地、娱乐有设施、健身有场所、活动有保障"的精神文化生活环境，许多安置点能够"丰富社区文化活动、充实居民业余生活、打造美好和谐社区"，然而对于丰富社区文化内容，安置点搬迁群众的满意度是比较低的，只有 68.11%。究其原因在于两点：一是随着生活水平的提高，安置点搬迁群众对基本文化生活的需求趋向多样化，不同年龄段、受教育水平的群体对文化需求是存在差异的；二是公共文化服务作为一项公共事业，在满足不同群体的多种需求时，服务供给尚存在与需求难以契合之处；三是有些活动的开展，宣传力度较弱，未及时使群众知晓，直接致使群众失去了享受公共文化服务的权利。

（四）组建文艺社团

安置点社会组织在推动群众参与安置点建设、激发社会活力等方面具有重要作用。对于安置点支持群众组建演出团体、民间文艺社团、健身团队以及电影放映队等，开展贴近生活、群众喜闻乐见的各种文体活动，76.15% 的安置点搬迁群众表示满意。原因主要有三点：一是尽管文艺社团能够促进安置点搬迁群众的互动交往和感情交流，增强群众社区归属感和认同感，但在现实中经常面临"没有场地没人组织"的难题；二是安置点的少数民族的种类多，不同的少数民族文艺社团因为生活习惯或语言不通,对管理者的管理会造成困难;三是不同的少数民族文艺社团的冲突,常常涉及民族习俗习惯等,导致居民团体发展难、管理难、发挥作用难。

(五)抓好社区文化队伍建设

调查发现,安置点搬迁群众对公共文化服务队伍建设的满意度为77.15%,表明建设水平有待提高。公共文化服务人员的整体素质如何,影响到公共文化服务设施的良好维护、公共文化服务活动的开展。据调查,公共文化服务的人才队伍存在以下问题:一是有的工作人员不在编制内,一人多用,承担日常事务较多,且素质不一,影响工作的开展效果;二是有的公共文化活动的服务人员多为中老年年龄层次,年轻的文化服务人才得不到补充,使得文化活动不能适应不同年龄阶段的受众的需要,造成活动的脱节;三是同时部分服务人员的服务意识较薄弱,在一定程度上影响群众对公共文化服务活动的体验。

(六)开展相关文艺创作生产

对于安置点易地扶贫搬迁题材文艺创作生产,讲好贵州易地扶贫搬迁故事,安置点搬迁群众的满意度比较高,为92.58%。群众不满意的原因有一些几个方面:一是公共文化服务面临着严峻的资金不足问题,当前贵州社区公共文化服务主要靠政府单一投资,资金总量有限且存在资金使用风险;资金来源单一,缺少社会资金的资助与投入,影响到公共文化服务事业的多元化与可持续发展;二是在资金监管与使用过程中也存在问题,财政支出主要用于人员的工资支出和各单位的日常支出等开支,用于建设和发展公共资源的投入比较小;三是财政资金的绩效分配机制不完善,社区公共文化服务的财政投入与分配不当,大部分经费用于建设层次较高的文化设施,而忽略了社区基层公共文化资源的建设投入,造成文化资源浪费。

表 4-11　贵州易地扶贫搬迁安置点文明社区创建满意度情况表

三级指标	非常满意	占比（%）	比较满意	占比（%）	满意	占比（%）	不太满意	占比（%）	很不满意	占比（%）	满意度（%）
8. 你对安置点开展社区普法教育,增强群众法治观念满意吗	909	26.87	1009	29.83	1173	34.67	153	4.52	139	4.11	91.37
9. 你对安置点推进"文明家庭""勤劳致富模范户""身边好人"等评选宣传活动常态化满意吗	548	16.20	876	25.89	1484	43.87	303	8.96	172	5.08	85.96
10. 你对安置点文化体育活动的开展形式和内容满意吗	614	18.15	642	18.98	1048	30.98	965	28.52	114	3.37	68.11
11. 你对安置点组建文艺社团,开展的各种文体活动满意吗	736	21.76	584	17.26	1256	37.13	523	15.46	284	8.39	76.15
12. 你对安置点为文化志愿服务队伍、社区文化能人、文艺爱好者、非物质文化遗产传承人创造的条件满意吗	881	26.04	859	25.39	870	25.72	637	18.83	136	4.02	77.15
13. 你对易地扶贫搬迁题材文艺创作的产品满意吗	556	16.44	939	27.76	1637	48.39	166	4.91	85	2.51	92.58

四、民族文化的传承需要文化产业支持

(一)增强民族文化记忆

乡愁馆、宗祠、感恩堂等具有唤醒和传承民族文化记忆的重要功

能。为保护迁出地文化,贵州在搬迁过程中要求对迁出地民族传统文化技艺进行专门统计分类,并采取有效措施加以记录保存,此外还要求结合安置点实际情况,在每个安置点建设 1 个具有搬出地建筑风格的乡愁艺术馆、宗祠、感恩堂等民族文化纪念馆,以此集中收藏或记录搬出地民族风俗的特色器物。对此,84.87%的群众表示满意。

(二)挖掘民族文化艺人

安置点搬迁群众对于安置点保留本民族特色手艺,挖掘民族文化艺人和民族民间工艺的工作也是比较满意的,有 88.65%的群众表示满意。他们认为,加大力度培养一批非物质文化遗产传承人和传统手工艺传承人,一是有利于挖掘整理新居住区非物质文化遗产资源;二是相当于为安置点搬迁群众搭建了交流学习、"切磋武艺"的文艺平台;三是按安置点搬迁群众的风俗习惯办起"大祠堂"等,有利于满足搬迁少数民族群众在传统节日、饮食、丧葬、宗教活动、生产技术等方面的特定需求;四是有利于支持安置点少数民族传统文化手工艺产品的发展,能够引导安置点搬迁群众自发形成民族文艺产品生产队伍,开展文化活动。

表 4-12　贵州易地扶贫搬迁安置点民族文化传承满意度情况表

三级指标	非常满意	占比（%）	比较满意	占比（%）	满意	占比（%）	不太满意	占比（%）	很不满意	占比（%）	满意度（%）
14. 你对安置点建设融入民族建筑文化元素和标志性民族符号,建设重现迁出地地理风貌、文化的乡愁馆满意吗?	776	22.94	956	28.26	1139	33.67	311	9.19	201	5.94	84.87

续表

三级指标	非常满意	占比（%）	比较满意	占比（%）	满意	占比（%）	不太满意	占比（%）	很不满意	占比（%）	满意度（%）
15. 你对安置点保留本民族特色手艺、挖掘民族文化艺人和民族民间工艺的工作满意吗？	945	27.93	995	29.41	1059	31.30	206	6.09	178	5.26	88.65

第四节　安置点文化服务政策实施的优化

加强和完善易地扶贫搬迁安置点文化服务,促进基本公共文化服务标准化、均等化,需要以习近平新时代中国特色社会主义思想为指导,践行以人民为中心的发展思想,以文化共建体系推动文化设施共用、以民族文化融入打造乡愁记忆空间、以各方力量参与消除社区文化冲突、以增强文保意识提升文化传承能力、以挖掘民族文化带动文化产业发展,这样才能促进人际和谐、增强社区凝聚力。

一、以文化共建体系推动文化设施共用

(一)构建全方位的公共文化服务体系

构建易地扶贫搬迁安置区公共文化服务体系建设是一项任务繁重的系统工程,不是文旅部门单边独唱就能完成,而需要党组织、群团组织、职能部门、帮扶单位通力合作,形成聚力合唱的工作格局。一是要健全安置点文化服务的组织机构,要成立宣传、文旅、移民、教育、公安、扶贫、工会、妇联、团委等相关部门协同负责的易地扶贫搬迁文化体系建设工作领导小组;二是要文化服务领导小组建立"月台账调度、季会

议调度、年评估总结"的调度机制,定期召开联席会议,通报工作推进情况,及时解决工作中存在的问题。

(二)推动社区公共文化服务设施共建共用

借助东西部扶贫协作平台,积极争取文化服务项目资金落户安置点,推动安置点的文化服务设施提档升级。按照"共建共用"的原则,依托安置区公共文化服务阵地、设施设备,将各部门资源有机整合,通过部门互联、数据共享、集成服务等方式,联合开展公共文化服务,切实提升安置点搬迁群众满意度和生活质量。整合帮扶资源,成立安置点文化服务领导机构,市区级多个相关部门一起组成社区文化服务工作指导中心,对公共文化服务机制的改进出力献策。

二、以民族文化融入打造乡愁记忆空间

(一)开展贴合社区群众实际的感恩教育

习近平总书记指出,新农村建设要坚持规划先行,注重乡土味道和民族风情,注重补农村的短板、扬农村的长处,努力建设美丽乡村和农民幸福家园。[①] 许多安置点以不同方式开展了贴合社区群众实际的感恩教育,增强了安置点搬迁群众文化获得感。有的给建档立卡贫困搬迁群众免费安装了广播电视网络;有的围绕感恩教育、弘扬社会主义核心价值观等主题为安置点群众组织文艺演出,并在演出中宣传精准扶贫、移民搬迁等惠民政策;有的安置点所在街道以群众需求为导向,向他们播放《十八洞村》《战狼2》等弘扬主旋律的电影,在给群众送去欢乐和文明的同时,也传递好党的声音和关怀;也有的邀请文艺工作者、文化专家、文化志愿者到安置点开设文化讲堂,对群众进行文化教育。

---

① 《保持战略定力增强发展自信 坚持变中求新变中求进变中突破》,《人民日报》2015年7月19日。

（二）不断拓展安置点搬迁群众的文化生活空间

文化空间是在特定的自然空间基础上而形成的文化场,它既是安置点文化集中展示的场所,也是各种文化事项意义生成的时空场所。拓展安置点文化空间,一方面可以使这些种类多样、功能复合的乡村文化空间满足安置点村民多样化的社会需求,将分散的个体、家庭和组织联系起来,构成村庄共同体;另一方面可以在促进国家权力自上而下渗透的同时,实现基层民众自下而上反映诉求。拓展安置点的文化空间,要求政府以行政权力对安置点进行政策引导、资金支持和公共产品供给,以便保证"文化下乡"背景下的国家"在场";二是推动安置点社群自发形成群众为主体组织的文化活动,使得地方性文化体系的社区"在场"。

（三）因地制宜地推动安置点乡俗乡德的创建

为引导安置点搬迁群众树立健康生活观念和生活方式,打造易地扶贫搬迁安置区"文化共同体",在每个安置区发掘培养树立一批文化能人、文化志愿者、乡贤乡德,让他们参与社区文化建设和综合治理,带头讲好家乡故事,传承弘扬家乡优秀传统文化和优良民风民俗,以文化人,引导安置点搬迁群众破除红白喜事大操大办、厚葬薄养、封建迷信、酗酒赌博等各种陈规陋习,形成文明、节俭、诚信的良好风尚,避免在安置区出现乡风不复、乡邻不亲、乡德不续的"水土不服"断层。

（四）科学规划安置点搬迁群众的思想道德教育

一是要完善社区思想道德教育保障机制,要求社区居委会在认识思想道德教育对社区建设重要价值的基础上,科学设计社区思想道德教育的目标、任务、内容与实现方式,多渠道提升社区工作者思想政治工作水平;二是组建社区思想道德教育机构,实行社区思想道德教育一把手负责制,研究部署社区思想道德教育;三是按照定性考核与定量考核结合、日常行为观察与定期评估结合的原则,制订科学的社区思想道德教育质量考核评价标准,确保社区居民思想道德教育的开放性、层次性和常态化;四是完善社区思想道德教育经费的申请、审批、报销制度,确保经费真正用到实处,保证社区思想道德教育的持续开展。

三、以各方力量参与消除社区文化冲突

（一）建立一支专兼结合的社区普法队伍

要按照重点突出、分布合理的原则,建立安置点普法队伍,采取多种形式培养群众文化人才。一是建立健全安置点"法律人才库",对安置点法律人才进行登记造册,统筹协调法律人才充实社区普法队伍;二是加强安置点各类民间文化社团,从中发现有法律专长的骨干,及时吸收到社区普法队伍中来;三是与本地院团的合作,采取自愿报名、组织考核等办法,从退休或在职法律教师中,选聘一批有专业知识技能、组织协调能力、热心社区普法工作的人才,负责组织、指导开展社区普法活动。

（二）积极动员社区文化人才组建文艺社团

一是定期举办社区文化骨干培训班。要请有关专家向安置点所在街道领导干部讲授"社区文化与管理""如何组织社区艺术团队""大型群文活动策划与组织""群文活动方案的制定及总结"等,不断提高社区文化骨干的业务素质。同时,要举办文艺辅导班,通过考察、观摩提高群众在文化上的自我服务能力。二是设立社区文化专项经费。把经费用于培训文化骨干,壮大安置点所在街道文化人才队伍。三是要积极组建少数民族文艺团体,要把善于吹拉弹唱和能歌善舞的安置点搬迁群众组织起来,在安置点经常开展节日文体比赛、老年腰鼓队表演、广场舞队表演、山歌队表演等。

（三）未雨绸缪避免安置点搬迁群众的文化冲突

由于民族地区的农户生活习惯不同,但是安置点的公共活动空间是有限的,在有限的空间下,民族地区搬迁农户进行业余生活,可能会因习惯不同导致相互冲突。比如;苗族、侗族喜欢在晚上在广场上吹芦笙,跳"多耶舞",而另一些人则喜欢跳广场舞;回族作为伊斯兰教的信徒,对吃猪肉和看到猪血是十分忌讳的,而其他族别则是习惯在喜庆的日子会杀猪庆贺,并会邀请亲戚朋友做客。贵州黔东南许多民族有着看斗牛、吃狗肉的习惯,这自然会造成与其他爱狗群众产生文化冲突。

（四）不遗余力抓好社区文化队伍建设

一是制定安置点文化队伍培养管理办法,采取文化部门与团委联合推荐的方式,组织文化志愿者定期深入安置点开展文化指导。二是充分发挥安置点文体爱好者的积极性,按照业余自愿、形式多样、健康有益的原则,吸引更多安置点居民组建群众性社团,让安置点文化骨干由参与者转变为文化发展的组织者和推动者。三是建立激励机制,要根据安置点群众参与程度、组织活动场次及群众评价等,对安置点文化辅导员进行考评,对于优秀者予以表彰奖励,对于不合格者则解聘。

四、以增强文保意识提升文化传承能力

（一）增强政府安置点民族文化传承保护意识

党的十九大报告提出,要坚定文化自信,推动社会主义文化繁荣兴盛。国家机关要改变单纯的文化服务观点,把文化发展作为国家和社会发展的重要途径。要让文化发展提升人民生活质量。一是引导民族文化艺术社团的专业人才定期、定点,面对面地指导基层民族文化活动,参加安置点民族文化的传承与保护,这是调动群众民族文化传承保护积极性,提高社区文化活动水平的重要途径。二是党委宣传部门要

牵头组织相关部门和群团组织发挥各自优势,积极搭建安置点文化建设平台,对安置点文化工作者开展培训辅导。三是健全文化效果评估体制,将文艺院团下基层开展社区文化活动纳入年度工作考核,并将专业文化人才职称评定与服务指导基层文化活动挂钩,明确服务的时间、项目、次数等。

(二)提升安置点组织的民族文化传承保护能力

群众把安置点当作自己的家,才能将自己的利益和集体利益结合起来看待,把安置点民族文化发展目标作为自己的目标,为安置点民族文化的传承和保护投入积极和热情。所以,一是实行民族文化支持计划,通过"非遗+"等方式,在安置点创建"非遗+扶贫"工作坊,对民族非遗文化产业进行扶持。二是要利用现代媒体力量不间断地宣传民族民间文化知识,把更多的民间社会力量吸收到民族文化的传承和保护工作中来。三是要利用市场提升传承和保护活动的积极性,在安置区的乡愁馆、非遗工作坊等地设立文化产业基地,承担发展旅游、艺术以及民族传统产业和免费培训苗绣、箫笛等传统文化技艺的任务,使安置点经济发展与文化服务互相影响、互相促进。

五、以挖掘民族文化带动文化产业发展

(一)创建全方位保障公共文化建设的新格局

公共文化服务体制建设要多个层次地进行。一是要着力完善公共文化设施网络,在公共文化供应方面加大力度,在公共文化工作体系的不断完善方面加大力度,认认真真地对现代公共文化服务机制需要进行的各种工作加大力度完成。二是各方面的保障必须进一步加强,即组织给予的保护,法律给予的保护安全措施的保障,这些一样都不能少。三是建立资金使用监督机制,对各个注入资金的部门对资金的去

向等进行监察,确保资金用在社区公共文化服务最需要的地方。

（二）积极引导社会文化服务资金的资助和投入

一是支持企业的资金投入,要对参与社区公共文化服务的企业进行多方支持,实行一定的优惠措施,鼓励他们对文化事业的发展热情化作资金的注入,参与到公共文化服务。二是支持其他社会组织和个人的加入,要适当引导多种社会组织、公益团队、国家机构以外的其他组织的资金、相关物质资料、个人资金等一起融入到社区公共文化服务当中来。三是要进一步强化文化服务资金的筹划和分配,以减少资金被多次用在一个项目以及资金的胡乱投入。

（三）创新安置点之间文化资源共建共享的途径

一是要让安置点搬迁群众享受免费的从事少数民族文化产业的就业培训,要在利用安置点的乡愁馆等地设立传统文化技艺培训基地,并提供就业岗位,联系相关企业统一收购贫困户制作的苗绣、箫笛等民族工艺品。二是让安置点搬迁群众享受优惠的文旅服务,积极与城区电影院、周边旅游景区合作,让安置点搬迁贫困户享有优惠服务。三是让安置点搬迁群众享受绿色通道服务,全市所有公共文化机构对安置区贫困群众开通绿色通道服务,优先为他们办理图书借阅等服务。四是举办数字文化服务网站,利用多种终端和各种先进的方式,助力民族文化传承、保护与培训,让民族文化得到更大限度的普及和利用。

第五章　贵州易地扶贫搬迁安置点
社区治理政策实施研究

　　社区是社会治理的基本单元。社区治理事关党和国家大政方针的贯彻落实，也事关居民群众切身利益。习近平总书记指出，推进国家治理体系和治理能力现代化，社区治理只能加强、不能削弱。① 这指出了社区是城市治理的"最后一公里"，推进国家治理体系和治理能力现代化，要不断夯实基层社会治理这个根基。与以往避灾移民社区、生态移民社区和水库移民社区不同，易地扶贫搬迁社区具有搬迁目的和搬迁人员多样化的特点，其社区治理方面将面临更加复杂的情况。

　　为全面贯彻落实《中共中央国务院关于打赢脱贫攻坚战的决定》《中共中央国务院加强和完善城乡社区治理的意见》精神，贵州省委、省政府制定了《关于建立和完善易地扶贫搬迁安置点社区治理体系的实施意见》（以下简称《意见》）。《意见》结合贵州城镇化集中安置的实际，对加强和完善易地扶贫搬迁后续扶持和社区管理作出决策部署，成为建立和完善易地扶贫搬迁安置点社区治理的政策体系。本章主要是调查分析贵州易地扶贫搬迁社区治理的现状如何？在各地的实践探

---

　　① 《坚持新发展理念深入实施东北振兴战略　加快推动新时代吉林全面振兴全方位振兴》，《人民日报》2020 年 7 月 25 日。

索过程中涌现出哪些有益做法,又面临着哪些现实困境?尝试着对易地扶贫搬迁安置点文化服务所存在的一些具有普遍意义的问题进行描述性概述,以期探索其建设路径和政策方向,为完善新时代搬迁安置点社区治理政策提供政策参考。

第一节　安置点社区治理政策实施的评价体系

一、社区治理政策实施分析的核心概念

(一)社区

社区是随着人类的实践和社会的发展而逐步进入研究视野的。1887 年,腾尼斯在他的著作《社区与社会》中首次正式提出"社区"这个概念。1933 年,中国学者费孝通等人把"Community"第一次译为"社区"。对于如何界定社区的内涵,研究者因为各自的研究领域和研究目的不同没有形成一致的意见。美国学者桑德斯(I.Sanders)就此指出,可以根据学科的不同把学界关于社区概念的理解分为四个类型:第一种是定性的理解,即把社区视为一个人类居住的地方。第二种是人类生态学的理解,即把社区视为一个人类生活的空间单位。第三种是人类学的理解,即把社区视为一种人类的生活方式。第四种是社会学的理解,即把社区视为一种人类的社会互动。① 在这个基础上,桑德斯把社区定义为:一个由居住在特定地区内的人口构成的具有整合功能的地方性的自治自决的行动单位。桑德斯这个定义突出了社区的地方自治性。

中国学者对社区的理解深受滕尼斯和帕克的影响,郑杭生提出,社区

---

① 张勇:《同构性与非平衡性:我国城市社区建设模式反思》,华中师范大学 2011 年博士学位论文。

是一个从事社会活动的由某种互动关系和共同文化维系的人类生活群体及其活动区域。徐勇、陈伟东则指出："社区由以下几个要素组成:(1)生活在社区里的人群;(2)特定的地域范围;(3)社会组织及其相关制度;(4)必要的生活服务设施;(5)社区内居民的共同利益。"①则是从社区要素出发对社区进行的描述性定义,注意到社区的共同利益要素。在《关于在全国推进城市社区建设的意见》(中办发〔2010〕23 号)中,社区则是"指聚居在一定地域范围内的人们所组成的社会生活共同体。目前城市社区的范围,一般是指经过社区体制改革作了规模调整的居民委员会辖区"②。

对社区的定义或理解的诸多差异,原因在于研究视角和定义方法的不同,有的从社区要素来定义,以描述性方式直观体现社区内涵;有的从社区本质来定义,对其本质属性进行理想性阐述。总体看来,其中的人文区位说、地理和社会实体说、同质说等具有一定的代表性。

(二)社区治理

对于社区治理的内涵,学界有一个比较一致的看法,即认为"社区治理是在法制化、规范化的前提下,由政府行政组织、社区党组织、社区自治组织、社区非营利组织、辖区单位以及社区居民等多元主体共同管理社区公共事务的活动"③。正是基于对这一共识,我国在社区政策的制定和实践层面上都是用社区治理取代社区管理,要求基层政府、社区居民和社区组织等根据共同的目标价值,在社区这个舞台上自觉承担各自的责任,"通过协商、合作、互动,形成网状社区治理结构"④。

---

① 张勇:《同构性与非平衡性:我国城市社区建设模式反思》,华中师范大学 2011 年博士学位论文。

② 《中共中央办公厅　国务院办公厅关于转发〈民政部关于在全国推进城市社区建设的意见〉的通知》,《黑龙江政报》2001 年第 7 期。

③ 邱梦华、秦莉等:《城市社区治理》,清华大学出版社 2013 年版,第 20 页。

④ 李静:《城市社区网络治理结构的构建结构功能主义的视角》,《东北大学学报(社会科学版)》2016 年第 6 期。

改革开放以后，随着我国"单位制"解体和市场化的加快，贫富差距、地区差异、城乡差异急剧扩大等社会矛盾和社会问题开始尖锐，为此，党的十八届三中全会站在国家治理体系和治理能力现代化高度，提出"五位一体"协调发展。在这种背景下，中国各级政府基于社区的共同体属性，把社区作为国家治理现代化的微观实践平台。把社区治理现代化放在国家治理现代化的基础地位上，有利于塑造基层社会团结的微观机制、形成多层次的公共服务体系、大量孵化社区社会组织、构建多元参与、民主协商、增进认同的社区治理体系。

对易地扶贫搬迁安置点社区治理学界主要进行定性研究。孟梦、马克林认为党和政府作为"元治理者"，应该在易地扶贫搬迁安置社区治理路径中发挥"治理校准"功能，组织社区内的市场和居民自治组织等参与社区治理[1]。吴新叶和牛晨光基于新制度主义论证易地扶贫搬迁安置社区治理需要推动制度变迁，实现治理体系平衡[2]。李晗锦则以社会治理为基础，把移民社区治理分为制度空间、公共空间、社会网络空间和文化心理空间等方面的治理，提出要进行"空间重构"[3]。本书是在对易地搬迁安置点的实际问题进行调查基础上，剖析其中困境，探索社区治理有效路径。易地扶贫搬迁安置点是一个新生事物，因此在已有治理框架下把它们打造成为多中心治理社区，将是中国各级政府、社会工作者和社区居民面临的重要考验。

（三）社区治理体系

"社区治理体系是治理社区公共事务的制度框架、组织体系、规则

---

[1]　孟梦、马克林：《"元治理"视角下易地扶贫搬迁安置社区治理的现状和路径：一个实地研究》，《重庆文理学院学报（社会科学版）》2019年第6期。

[2]　吴新叶、牛晨光：《易地扶贫搬迁安置社区的紧张与化解》，《华南农业大学学报（社会科学版）》2018年第2期。

[3]　李晗锦、郭占锋：《移民社区空间治理困境及其对策研究》，《人民长江》2018年第17期。

机制和策略方法的总称,包含对社区经济、政治、社会、文化、环境等方面综合的治理体系。"①社区制度框架是否完善有效决定了社区治理的成败。正是在这个意义上,美国学者埃莉诺·奥斯特罗姆指出:"社区治理模式不同于政府管理、市场机制,应有真正适合社区特点的制度框架。"②她进而把社区治理的制度框架分为宪法层面的社区制度体系、集体选择规则层次的社区制度体系、操作层面的社区制度体系。

关于社区治理政策,党和国家根据不同时期社区发展新形势、新任务、新要求以及人民群众需求的变化,经历了 2000 年之前的探索、2001—2005 年间的推动、2006—2010 年间的成形、2011—2015 年间的改进、2016—2020 年间的巩固等五个阶段,目前已经形成了对社区自治事务社区的多元治理的稳定局面。其中,社区党政组织负责综合领导,居民委员会负责自治管理,公共服务组织提供公共服务,商业服务组织提供营利性服务。社区治理在这发展过程中,也存在社区自治组织难以发挥自治功能、多元治理主体发展不平衡、公共服务体系难以满足居民的需求、物业服务机构凌驾于业主组织等问题。

二、社区治理政策实施分析的指标体系

(一)易地扶贫搬迁安置点社区治理政策实施情况评价体系

在社区治理任务上,中共中央、国务院发布的《加强和完善城乡社区治理的意见》的要求与贵州省委、省政府发布的《关于建立和完善易地扶贫搬迁安置点社区治理体系的实施意见》的要求并不相同,前者的要求是非常宏观的,没有完全针对贵州易地扶贫搬迁安置社区治理。

---

① 顾朝曦、王蒙徽:《社区治理现代化探索研究》,人民出版社 2015 年版,第 63 页。

② [美]埃莉诺·奥斯特罗姆:《公共事务的治理之道:集体行动制度的演进》,余逊达、陈旭东译,上海译文出版社 2012 年版。

本书中的政策执行情况评价指标主要依据贵州省委、省政府制定的《关于建立和完善易地扶贫搬迁安置点社区治理体系的实施意见》（以下简称《意见》）。《意见》以习近平新时代中国特色社会主义思想为指导，坚持以确保易地扶贫搬迁安置点集中安置与公共服务保障为基本目标，聚焦解决"机构设置科学化、社区管理网格化、居民自治规范化"，逐步完善安置点社区治理体系，在党的领导下推动政府、社会和居民之间的良性互动，把安置点建设成为和谐有序的幸福家园，努力提升安置点搬迁群众的获得感、幸福感和安全感。

表5-1 不同的社区治理文件确定的指标任务对照表

政策文件	指标任务
《加强和完善城乡社区治理的意见》	加强和完善城乡社区治理、建立和完善城乡社区治理体系；增强社区居民参与能力，提高社区服务供给能力，强化社区文化引领能力，增强社区依法办事能力，提升社区矛盾预防化解能力，增强社区信息化应用能力，提升城乡社区治理水平；改善社区人居环境，加快社区综合服务设施建设，优化社区资源配置，推进社区减负增效，改进社区物业服务管理
《关于建立和完善易地扶贫搬迁安置点社区治理体系的实施意见》	合理设置基本管理单元，发挥基层党组织领导核心作用，发挥基层政府主导作用，发挥基层群众性自治组织基础作用，发挥社会力量协同作用
《关于做好易地扶贫搬迁集中安置社区治理工作的指导意见》	加快社区综合服务设施建设，改进社区物业服务，改善社区人居环境，优化社区资源配置，强化社区文化引领能力等

本研究重点考察基层党组织、基层政府、基层群众性自治组织和群众力量如何在安置点中分别发挥领导核心作用、主导作用、基础作用和协同作用，因此主要选取等与安置区移民生活密切相关的指标构建贵州易地扶贫搬迁安置点社区治理政策实施情况评价体系。贵州易地扶贫搬迁安置点社区治理政策实施情况评价体系的具体指标

如下表所示。

表 5-2　贵州易地扶贫搬迁安置点社区治理政策实施情况评价体系

一级指标	二级指标	三级指标
1. 合理设置基本管理单元	1. 根据人口设立管理服务机构	按照安置人口规范设立管理服务机构,合理配置人员编制。
2. 发挥基层党组织领导核心作用	2. 健全党的组织体系	在安置点设立了党(工)委、党支部或党小组。
	3. 配强党的干部队伍	(1)党(工)委书记由县(市、区)党委常委或政府负责人兼任。
		(2)社区党支部书记由正式干部担任或从社区居民中选举产生。
		(3)优秀搬迁党员通过民主选举担任了社区或居委会成员。
	4. 完善党的工作机制	(1)推进了党支部建设制度化、科学化、规范化。
		(2)加大了搬迁群众入党积极分子的培养教育力度。
3. 发挥基层政府主导作用	5. 办事处的职能定位	(1)安置点的街道办事处能完成县(市、区)政府部署的各项任务。
		(2)安置点办事处能够有效协调监督县(市、区)政府职能部门派出机构工作。
		(3)办事处能够有效维护安置点社会稳定。
		(4)办事处能够经常统筹推进社区建设。
		(5)县(市、区)政府依法厘清了街道办事处和自治组织的权责边界。
	6. 办事处的机构设置	(1)办事处合理设置了就业培训、产业发展、社会事务、治安管理等职能机构。
		(2).街道办事处对安置点行政执法事项实现了有效的领导、协调和监督。
	7. 办事处的服务能力	(1)安置点街道办事处建立了面向群众的"一站式"综合性服务和管理平台。
		(2)安置点落实了首问负责、一窗受理、全程代办、服务承诺等制度。
		(3)办事处能够做好安置群众的劳动就业、社会保障、卫生计生、教育事业等公共服务。

一级指标	二级指标	三级指标
4. 发挥基层群众性自治组织基础作用	8. 社区居民自治机制的健全	（1）及时启动安置点社区居民委员会的选举工作。
		（2）社区居民委员会选举时优先提名搬迁群众中的优秀人才。
		（3）能把年轻党员、致富带头人、离任村干部、退役军人选配为居民小组和楼栋负责人。
	9. 社区的民主协商	（1）健全了安置点居民代表会议和居民协商议事会议制度。
		（2）能够广泛动员搬迁群众参与社区协商实践。
		（3）安置点民主协商由社区党组织牵头，社区居民委员会组织。
		（4）能够引导搬迁群众通过协商表达利益诉求，增进共识感。
	10. 社区的民主决策	（1）能够依托居民会议、居民代表会议等，引导搬迁群众参与自治事务。
		（2）能够运用居民自治章程、居民公约引导搬迁群众依法依规参与公共事务的管理。
	11. 社区的居务公开	（1）完善了居务公开目录和公开制度。
		（2）能够及时公开社区的办事流程、工作进度、执行效果、经费收支等情况。
		（3）能及时公开搬迁群众享受的优待政策实施情况。
		（4）能及时公开社区的物管费、水电费、网络电视费、燃气费的定价和收缴情况。
		（5）对涉及搬迁群众的财政资助或第三方资助项目能够全程公开。
	12. 社区的民主监督	（1）建立健全了居（村）务监督委员会。
		（2）对安置点干部和政府部门的服务质量，能组织搬迁群众进行民主评议。

一级指标	二级指标	三级指标
5.发挥社会力量协同作用	13.社区的群团工作	(1)能发挥工、青、妇等群团组织在搬迁群众利益表达、协商方面的平台作用。
		(2)安置点建立了群团组织,能为搬迁群众提供针对性服务。
	14.社区社会组织的发展	(1)社区发展了养老、慈善、防灾、调解等社区社会组织。
		(2)能够引导安置点以外的社会组织和志愿者为搬迁群众服务。
	15.社会工作专业力量的作用	(1)实施了社会工作专业人才支持计划、"牵手计划"和"社工黔行"系列项目。
		(2)规范、引导志愿服务组织和志愿者积极参与相关服务工作。

（二）安置点社区治理政策实施满意度测评指标体系

本书的贵州易地扶贫搬迁安置点社区治理政策实施满意度测评指标体系,主要基于贵州《关于建立和完善易地扶贫搬迁安置点社区治理体系的实施意见》,同时也参考了《贵州省易地扶贫搬迁基本公共服务标准体系》,形式是李克特量表,非常满意得5分、满意得4分、满意得3分、不太满意得2分、很不满意得1分。本表适用于对安置点普通群众的调查。为了准确群众对社区治理政策实施的满意度,我们主要选取20岁以上群众进行调查。贵州易地扶贫搬迁安置点社区治理政策实施满意度测评指标体系如表5-3所示:

表5-3　贵州易地扶贫搬迁安置点社区治理政策实施满意度测评指标体系

一级指标	二级指标	三级指标
1.合理设置基本管理单元	1.根据人口设立管理服务机构	1.你对安置点的社区事务管理机构的设置满意吗

续表

一级指标	二级指标	三级指标
2. 发挥基层党组织领导核心作用	2. 健全党的组织体系	2. 你对安置点党组织的核心作用情况满意吗
	3. 配强党的干部队伍	3. 你对安置点党员干部的核心作用满意吗
	4. 完善党的工作机制	4. 你对安置点的党组织在议事、党建等方面的工作满意吗
3. 发挥基层政府主导作用	5. 办事处的职能定位	5. 你对街道办事处在安置区中的主导作用满意吗
	6. 办事处的机构设置	6. 你对安置点就业培训、产业发展、社会事务、治安管理等机构的设置满意吗
	7. 办事处的服务能力	7. 你对街道办事处首问负责、一窗受理、全程代办、服务承诺等制度的推行满意吗
4. 发挥基层群众性自治组织基础作用	8. 社区居民自治机制的健全	8. 你对安置点社区居民委员会的选举工作满意吗
	9. 社区的民主协商	9. 你对安置点居民会议、居民代表会议和居民协商议事会议满意吗
	10. 社区的民主决策	10. 你对安置点搬迁群众依法依规参与公共事务、集体资产等方面的管理的情况满意吗
	11. 社区的居务公开	11. 你对安置点有关办事流程、工作进度、执行效果、经费收支等情况的公开情况满意吗
	12. 社区的民主监督	12. 你对居（村）务监督委员会为安置点搬迁群众服务的情况满意吗
5. 发挥社会力量协同作用	13. 社区的群团工作	13. 你对安置点工会、共青团、妇联等群团组织提供的服务满意吗
	14. 社区社会组织的发展	14. 你对安置点教育培训、健康养老、公益慈善、防灾减灾、邻里互助、居民融入、纠纷调解以及农村生产技术服务等社区社会组织提供的各类服务满意吗
	15. 社会工作专业力量的作用	15. 你对安置点规范、引导志愿服务组织和志愿者积极参与相关服务的工作满意吗

第二节　安置点社区治理政策实施情况分析

调查发现,贵州易地扶贫搬迁安置点社区基本能够落实贵州的《关于建立和完善易地扶贫搬迁安置点社区治理体系的实施意见》。在安置点,基层党组织以及居民委员会、村民委员会等治理组织普遍建立,安置社区党组织、居民自治组织的议事规则等治理体制机制得到健全,教育、医疗、社保、救助等治理服务设施明显完善,为安置点社区群众服务的工作者队伍得到充实。

一、社区治理领导机构初步确立

移民安置工作的开展,亟须管理模式的支持。贵州《关于建立和完善易地扶贫搬迁安置点社区治理体系的实施意见》规定,"根据安置点的人口合理设置基本管理单元。对于城镇集中安置点安置人口在 1 万人及以上的,基于城市规划、建设规模、发展空间、社会管理等因素,通过适当调整周边乡镇(街道)行政区划,设立街道办事处,履行社区治理主导职责。对于安置点安置人口在 1 万人以下、1000 人及以上的,结合实际设立 1 个或多个社区居委会,由所在街道(乡、镇)进行管理;对于安置人口在 1000 人以下的,成立新的居(村)民小组,并入当地社区(村)管理"。调查发现,所有安置点都能够按照规定保障基础配套设施,基本能够确保搬迁户"办事有地方,议事有组织,纠纷有人管,困难有人帮",为搬迁户更快更好融入城市社区生活提供了坚实基础。

表 5-4　贵州易地扶贫搬迁安置点社区治理领导机构情况

一级指标	二级指标	三级指标	频数	占比（%）
1. 合理设置基本管理单元	1. 根据人口设立管理服务机构	按照安置人口规范设立管理服务机构,合理配置人员编制	171	100.00

二、基层党建组织体系的建立

经过努力,普遍加强了基层党组织对安置点各项工作的领导,基层党组织在带领、组织、宣传、凝聚和服务群众中初步发挥了核心作用,从而保证了安置点社区治理走向正确轨道。

（一）健全了安置点党组织体系

调查发现,贵州的安置点都能够贯彻落实贵州《关于建立和完善易地扶贫搬迁安置点社区治理体系的实施意见》的要求在安置点建立基层党组织。对于设置街道办事处的安置点,能同步设置党（工）委;对于设立社区居委会或居民小组的安置点,也能够及时成立相应的党支部或党小组,由所在街道（乡镇）党（工）委进行管理。

（二）配强了安置点党建干部队伍

在安置点配备政治过硬、本领过硬、作风过硬的干部队伍是搞好社区治理的先决条件。《关于建立和完善易地扶贫搬迁安置点社区治理体系的实施意见》要求:为增强安置点街道办事处综合协调能力,安置点的党（工）委书记可由县（市、区）党委常委兼任或由政府负责人兼任。社区党支部书记由选派正式干部担任,或从社区居民中选举产生。党组织负责人或居委会主任、成员由优秀搬迁党员、群众通过民主选举程序担任。调查发现,所有安置点的党（工）委书记都实现了由县（市、区)党委常委或政府负责人兼任。77.19%的安置点的社区党支部书记实现了由正式干部担任或从社区居民中选举产生。但是,在鼓励优秀搬迁党员、群众通过民主选举程序担任社区党组织或居委会成员方面,只有49.12%的安置点实现了。具体参见表5-5。访谈发现,配强安置点干部队伍,不仅有力地推动各种扶贫资源向基层下沉,而且有力地保证了基层群众干事创业。

表5-5　贵州易地扶贫搬迁安置点基层党建组织体系情况

一级指标	二级指标	三级指标	频数	占比(%)
2. 发挥基层党组织领导核心作用	2. 健全党的组织体系	在安置点设立了党(工)委、党支部或党小组	171	100.00
	3. 配强党的干部队伍	(1)党(工)委书记由县(市、区)党委常委或政府负责人兼任	171	100.00
		(2)社区党支部书记由正式干部担任或从社区居民中选举产生	132	77.19
		(3)优秀搬迁党员通过民主选举担任了社区或居委会成员	84	49.12
	4. 完善党的工作机制	(1)推进了党支部建设制度化、科学化、规范化	171	100.00
		(2)加大了搬迁群众入党积极分子的培养教育力度	147	85.96

(三)完善了安置点党建工作机制

任何工作的顺利推进,都需要相应工作机制提供支持保障。调查发现,安置点党组织都能够围绕加强党组织领导下的社区治理体系和治理能力现代化建设的要求,积极健全和完善党组织议事规则,能够对本安置点的重大事项、重大问题及时研究部署。比如,业主意见跟踪反馈制度,要求在业委会办公室设置了意见登记簿,及时记录业主所反映的问题,对问题解决情况进行实时跟踪;业主接待制度,要求通过业主联系邮箱、值班接待、微信群、特别约见等方式,为业主们排忧解难,甚至在必要的情况下还会召开业主委员会倾听全体业主的声音。

三、基层政府主导作用得到发挥

(一)厘清了街道办事处职能定位

街道办事处是我国城市政权体系的最末端,在安置点,它是政府沟通居民、服务居民的最前沿。调查发现,县(市、区)政府都为街道办事处、职能部门制定了在安置点服务管理的权责清单,使得街道办事处依法划清了和安置点自治组织的权责边界。这为所有安置点所在街道办事处执行法律规章和完成上级任务奠定了法律基础。然而,如表5-6所示,街道办事处在完成县(市、区)政府部署的任务方面发挥的主导作用不够,只有57.89%的街道办事处能够在统筹安置点的管理、加强安置点的社会稳定、组织动员社会力量参与安置点管理等发挥主导作用。

(二)建立了街道办事处的机构设置

无论是推进社区治理体系和治理能力现代化,还是健全社区治理体制机制,其基础支撑都是建立一套既系统又专业的内部机构。调查发现,所有的街道办事处都能够按照精简、便民原则设置内部机构。比如,在安置点配套了党员活动室、业委会办公室、物业管理中心、卫生医疗室、社区幼儿园、警务室、社区文体活动室、居民就业服务中心、便民生活超市、休闲广场等设施。但只有47.37%的安置点能够按照"条块

表5-6　贵州易地扶贫搬迁安置点基层政府主导作用情况

一级指标	二级指标	三级指标	频数	占比（%）
3. 发挥基层政府主导作用	5. 办事处的职能定位	（1）安置点的街道办事处能完成县（市、区）政府部署的各项任务	171	100.00
		（2）安置点办事处能够有效协调监督县（市、区）政府职能部门派出机构工作	99	57.89
		（3）办事处能够有效维护安置点社会稳定	144	84.21
		（4）办事处能够经常统筹推进社区建设	153	89.47
		（5）县（市、区）政府依法厘清了街道办事处和自治组织的权责边界	171	100.00
	6. 办事处的机构设置	（1）办事处合理设置了就业培训、产业发展、社会事务、治安管理等职能机构	171	100.00
		（2）街道办事处对安置点行政执法事项实现了有效的领导、协调和监督	81	47.37
	7. 办事处的服务能力	（1）安置点街道办事处建立了面向群众的"一站式"综合性服务和管理平台	171	100.00
		（2）安置点落实了首问负责、一窗受理、全程代办、服务承诺等制度	171	100.00
		（3）办事处能够做好安置群众的劳动就业、社会保障、卫生计生、教育事业等公共服务	135	78.95

结合、以块为主"的管理方式,真正有效地促进安置点的就业培训、产业发展、社会事务、治安管理等事项的组织领导、综合协调和监督检查等工作。

(三)提高了街道办事处的服务能力

调查显示,所有的安置点街道办事处都能够按照《关于建立和完善易地扶贫搬迁安置点社区治理体系的实施意见》的规定,在安置点要建立社区服务中心,设置能够向群众直接提供"一站式"综合性服务的管理平台。在办理与居民生活密切相关的公共服务事项时,能够推行首问负责、一窗受理等制度。另有 78.95% 的安置点所在街道办事处能够为安置点群众提供就业、社保、卫生、教育、文体以及法律仲裁等服务。

四、群众自治主要基础基本形成

（一）健全了社区居民自治机制

居民自治是一项系统的工程,而制度机制是构建该系统的重要因素。因此,要激发社区居民自治活力,需要建立和完善社区居民自治机制。调查发现,75.44% 的安置点根据要求及时启动了安置点社区的居民委员会的选举工作。对于安置点搬迁群众中涌现的优秀人才,54.39% 的安置点能够在社区居民委员会选举时做到优先提名。街道（乡镇）还采取下派干部的方式组织安置点居民开展自治工作,比如设置网格员、小网格员（楼栋长）、人民调解员、群防群治员,实行网格化、楼栋长管理机制,把年轻党员、致富带头人、离任村干部以及退役军人选配为安置点居民小组和楼栋负责人,对安置点构建起了"居委会—网格—楼栋"的网格化管理。同时也发现,10% 的安置点没有能够及时建立社区党组织领导下的居民自治机制。

（二）广泛开展了社区民主协商

广泛开展安置点民主协商,对于动员安置点搬迁群众参与和关注社区治理协商实践,对于确保安置点搬迁群众切身利益的重大事项都能采取先协商后决策、先协商后实施,都具有非常重要的意义。调查发现,93.33% 安置点都健全了安置点居民会议、居民代表会议和居民协商议事会议制度,民主协商能够由社区党组织牵头,由社区居民委员会组织,这有力地表达了安置点搬迁群众的利益诉求,极大地提高了他们的社区安全感和归属感。

(三)初步完善了社区民主决策制度

居民会议、居民代表会议等组织是安置点重要的民主决策机构。为了保证这些机构的高效运转,各安置点初步建立了社区民主决策制度。然而这些制度还有待完善。调查发现,只有42.11%的受访群众认为能够参与过社区重大事务的决策。只有43.86%的受访者认为安置点能够充分发挥居民自治章程、居民公约在安置点社区治理中的积极作用,自觉引导安置点搬迁群众依法依规参与安置点公共事务、集体资产等方面的管理,提升安置点群众自治水平。

(四)规范了社区居务公开工作

社区居务公开是居民群众了解社区、参与社区民主自治的有效途径。按照《关于建立和完善易地扶贫搬迁安置点社区治理体系的实施意见》的规定,安置点要完善居务公开制度,健全公开目录。应该公开的内容包括安置点的办事流程、工作进度、执行效果、经费收支等情况;安置点搬迁群众享受社会救助和精准帮扶等优待政策实施情况,社区物业管理费、水电费、网络电视费、燃气费定价以及收缴情况;公共财政资助或第三方资助的项目等。调查显示,能够完全或部分的安置点,分别不到30%和60%。存在的问题是社区居务公开的各项制度还不够健全,居务公开内容、时间、程序有待于进一步规范。

表 5-7　贵州易地扶贫搬迁安置点搬迁群众自治主要基础情况

一级指标	二级指标	三级指标	频数	占比（%）
4. 发挥基层群众性自治组织基础作用	8. 社区居民自治机制的健全	（1）及时启动安置点社区居民委员会的选举工作	129	75.44
		（2）社区居民委员会选举时优先提名搬迁群众中的优秀人才	93	54.39
		（3）能把年轻党员、致富带头人、离任村干部、退役军人选配为居民小组和楼栋负责人	171	100.00
	9. 社区的民主协商	（1）健全了安置点居民代表会议和居民协商议事会议制度	171	100.00
		（2）能够广泛动员搬迁群众参与社区协商实践	114	66.67
		（3）安置点民主协商由社区党组织牵头，社区居民委员会组织	84	49.12
		（4）能够引导搬迁群众通过协商表达利益诉求，增进共识感	114	66.67
	10. 社区的民主决策	（1）能够依托居民会议、居民代表会议等，引导搬迁群众参与自治事务	72	42.11
		（2）能够运用居民自治章程、居民公约引导搬迁群众依法依规参与公共事务的管理	75	43.86
	11. 社区的居务公开	（1）完善了居务公开目录和公开制度	171	100.00
		（2）能够及时公开社区的办事流程、工作进度、执行效果、经费收支等情况	99	57.89
		（3）能及时公开搬迁群众享受的优待政策实施情况	105	61.40
		（4）能及时公开社区的物管费、水电费、网络电视费、燃气费的定价和收缴情况	126	73.68
		（5）对涉及搬迁群众的财政资助或第三方资助项目能够全程公开	48	28.07
	12. 社区的民主监督	（1）建立健全了居（村）务监督委员会	171	100.00
		（2）对安置点干部和政府部门的服务质量，能组织搬迁群众进行民主评议	75	43.86

（五）进一步规范民主监督制度

民主监督尽管是一种"自下而上"的非权力性监督，但通过提出建议和批评等方式促进党和国家机关改进工作,从而提高工作效率,克服官僚主义。调查发现,所有的安置点都建立健全了居(村)务监督委员会,把为安置点搬迁群众服务的情况作为民主评议的重要内容,由街道(乡镇)有序组织安置点搬迁群众对安置点社区干部和政府部门相关公共服务质量进行民主评议,切实维护群众合法权益。

五、社会力量协同助力社区治理

(一)建立健全安置点工青妇等群团组织

工会、共青团、妇联等群团组织是党联系工人阶级、广大青年和妇女群众的桥梁和纽带,是国家政权的重要社会支柱,应该发挥工会、共青团、妇联等群团组织在安置点搬迁群众利益表达、吸纳、整合、协商方面的平台作用,广泛引导各类社会力量参与安置点社区发展和服务。调查发现,只有33.33%的安置点建立健全了工会、共青团、妇联等群团组织,并能够根据安置点搬迁群众的需求提供针对性服务。访谈发现,主要原因是安置点很少建立工会组织。

(二)大力培育发展社区社会组织

社区社会组织是安置点组织体系的重要细胞,是安置点开展社区治理与提供社区服务的重要支撑,在安置点的社区建设与社会生活中具有重要作用。调查发现,75.44%的安置点能够大力培育发展教育培训、健康养老、公益慈善、防灾减灾、邻里互助、居民融入、纠纷调解以及农村生产技术服务等方面的社区社会组织。然而,社区外的志愿服务组织和慈善组织活动很少,只有21.05%的安置点能够引导安置点以外的社会组织、慈善组织和志愿者为安置点搬迁群众提供各类服务。

(三)充分发挥社会工作专业力量的积极作用

培养一支数量充足、结构合理、素质优良的社区社会工作专业人才队伍,不仅有利于推动社会工作职业化、专业化、本土化,而且有利于推进社会工作发展治理。调查显示,59.65%的安置点大力实施了社会工作专业人才支持计划、社会工作服务机构"牵手计划"、社会工作服务"社工黔行"系列项目。

表5-8　贵州易地扶贫搬迁安置点社会力量协同助力社区治理情况

一级指标	二级指标	三级指标	频数	占比（%）
5. 发挥社会力量协同作用	13. 社区的群团工作	(1)能发挥工、青、妇等群团组织在搬迁群众利益表达、协商方面的平台作用	57	33.33
		(2)安置点建立了群团组织,能为搬迁群众提供针对性服务	36	21.05
	14. 社区社会组织的发展	(1)社区发展了养老、慈善、防灾、调解等社区社会组织	129	75.44
		(2)能够引导安置点以外的社会组织和志愿者为搬迁群众服务	36	21.05
	15. 社会工作专业力量的作用	(1)实施了社会工作专业人才支持计划、"牵手计划"和"社工黔行"系列项目	102	59.65
		(2)规范、引导志愿服务组织和志愿者积极参与相关服务工作	93	54.39

第三节　安置点社区治理政策实施的满意度分析

习近平总书记指出:"社会治理的重心必须落到城乡社区,社区服务和管理能力强了,社会治理的基础就实了。"[1]本节主要针对社区治理中产生的不足与缺陷进行阐述,研究导致缺陷存在的根本原因,以为社区提升治理工作质量提供理论依据。

---

[1]　《在参加十二届全国人大二次会议上海代表团审议时的讲话》,《人民日报》2014年3月6日。

一、社区治理面临二元体制困境

(一)基本管理单元面临二元管理体制矛盾

调查显示,安置点搬迁群众对安置点的社区事务管理机构的设置不是很满意,满意度是 66.98%。访谈发现,其中原因主要是安置点的二元管理体制。目前,贵州安置点的社区治理主要是采取以原户籍管理地管理为主的方式,农民因为易地扶贫搬迁进了城后,由于相当一部分农民的户籍仍然在原户籍地,这样就导致了社区管理和村委会管理并存。这种二元管理格局使得后续社区治理面临"两不管"难题,即社区管委会对户籍不在安置点的农民没有管理权限,而户籍所在村委会对这部分农民又管理不到位。比如,户籍尚未转移的农民要办理部分证明,就会遇到需要回原村委会签章,这就增加了他们的时间成本和经济成本。此外,还出现农民的现居地社区居委会和其原户籍所在地村委会为了少做事或者不想承担责任,而在一些事情上相互推诿扯皮的现象,造成安置点农民事务"灯下黑"或"三不管"局面①。

(二)安置点的基层政府与社区之间职能不清

按照十三届全国人大常委会第七次会议表决通过修改的《城市居民委员会组织法》,社区居民委员会并不是一个拥有和行使国家公共权力的政府机构,而是一个基层群众的自治组织。这两个主体之间是一个引导和协助的关系。然而,在社区服务的供给过程中,贵州安置点的社区居委会与其他社区一样,与政府之间都是一个领导与被领导的关系。通过对安置点社区工作人员的访谈发现,安置点当前的爱心食堂、积分超市等支出主要是社区负责,如果遇到经费支撑不足等无法自

---

① 何得桂:《西部山区避灾扶贫移民型社区管理创新研究——基于安康的实践》,《国家行政学院学报》2014 年第 3 期。

行解决的问题,安置点的社区居委会只能以通过上级政府汇报、请求他们给以批复解决,这就必然导致社区居委会的服务供给效率低下。

（三）安置点居民对社区公共事务的参与度低

根据"小政府、大社会"的要求,安置点的社区治理体制与其他城市的社区一样,社区事务要求社会化运作和居民自治。然而,在扶贫移民社区的治理中,社区稳定、社区建设、入住率等事项依旧按传统的行政方式进行。一些基层政府没摆好自己的位置,在行政事务和其他社区日常事务上一直领导着居委会,社区居委会成为名义上的自治组织,大多数居民只能参与社区自治的实施,很少参与决策和监督,使得群众参与社区事务的积极性不高。

表5-9　贵州易地扶贫搬迁安置点基本管理单元满意度情况表

三级指标	非常满意	占比（%）	比较满意	占比（%）	满意	占比（%）	不太满意	占比（%）	很不满意	占比（%）	满意度（%）
1. 你对安置点的社区事务管理机构的设置满意吗?	748	22.11	609	18.00	909	26.87	656	19.39	461	13.63	66.98

二、基层组织与居委会分工不清

（一）党支部和居委会经常出现交叉任职

我国《城市居民委员会组织法》承认社区居委会和党支部的合法性地位。在职责上,社区居委会的职责是贯彻落实党的路线、方针、政策,大力支持并积极组织社区全体居民参与社区治理;社区党支部的职责是在做好党政建设工作的同时,指导居委会处理各种事务,以便确保其工作符合广大人民群众的利益。尽管贵州安置区能够按照健全党的组织体系的规定,于易地扶贫搬迁中在安置点同步设置党(工)委、党支部或党小组,但是,其中对于安置点党的组织体系的满意度并不高,只有85.69%的满意度。访谈发现,然而,在现实治理中,党支部和居委会经常出现成员交叉任职的现象,使得在工作中经常混淆了二者职能,进而导致社区居委会在治理决策出现意见不一致时,居委会中的非党员往往是听从党员的意见。社区党支部和居委会尽管是领导和被领导的关系,但在很多具体事务上却没有明显界限,形成了党支部领导居委会的工作的局面。

(二)少数安置点的党组织存在软弱涣散等问题

安置点社区党组织建设是党在社区治理中发挥核心作用的最重要基础。加强安置点基层党组织建设是一项复杂的工程,不仅需要党组织成员深入群众,还需要基层党组织高质量过好组织生活。如表5-10所示,对于安置点党员干部的核心作用,有88.65%的群众表示满意。访谈发现,其中原因是安置点党组织存在软弱涣散问题。一是社区党员平时忙于社区服务工作,按规定定期汇报思想的积极性不高;二是履行发挥先锋模范作用的意识不强,党员荣誉感、自豪感、责任感下降;三是有的党员大局意识、服务意识和群众观念还不强,把自己等同于普通群众。

(三)党的工作机制建设稍显滞后

党的制度建设是关系党的全局性和长期性发展的重要工作。在易地扶贫搬迁中,安置点的社区环境比较复杂,来自多个村寨的人员密集,各种单位驻扎,因而出现社区党员职业身份多样化。这在给安置点带来发展活力的同时,也给推进党支部建设制度化、科学化、规范化带来一些挑战。调查显示,对于安置点的党组织在议事、党建等方面的工作,满意度只有83.00%。究其原因,一是已有的对党员教育管理仅限于安置点组织系统,基于社区的党员分类管理还没有形成,这导致一些党员找不到组织的现象存在。二是尽管社区拥有政治、组织、思想等多种资源,但基层党组织受限于街居工作思维,导致这些资源未能得到充分认识和利用,使得社区"共驻共建,资源共享"的党建理念和氛围未能形成。三是安置点党的制度建设的时效性和针对性不强,对一些已经过时的制度不能及时废止,对不适用现状的制度不能及时修改,对需要的新兴制度不能及时补充。

表 5-10 贵州易地扶贫搬迁安置点基层党组织满意度情况表

三级指标	非常满意	占比(%)	比较满意	占比(%)	满意	占比(%)	不太满意	占比(%)	很不满意	占比(%)	满意度(%)
1. 你对安置点党组织的核心作用情况满意吗	645	19.07	948	28.02	1306	38.60	476	14.07	8	0.24	85.69
2. 你对安置点党员干部的核心作用满意吗	839	24.80	987	29.18	1173	34.67	262	7.74	122	3.61	88.65
3. 你对安置点的党组织在议事、党建等方面的工作满意吗	723	21.37	787	23.26	1298	38.37	362	10.70	213	6.30	83.00

三、社会力量协同治理作用有待加强

(一)部分社区群团工作有心无力现象突出

对安置点工会、共青团、妇联等群团组织提供的服务,安置点搬迁群众的满意度为 75.58%。访谈发现,部分群团工作出现有心无力现象,其中原因如下:一是当前一些群团组织存在"机关化、行政化、贵族化、娱乐化"的"四化"现象,在群众看来群团组织便是行政机关,其工

作是完成上级群团组织下发的任务,缺乏主动性和创新性。二是群团组织的活动资金主要来自政府财政拨款,人手比较紧缺,并要承担群团工作外的诸多工作,这就导致工作开展有心无力,成为社区治理的"非主力部门"。三是社区群团组织的干部虽然有团支部书记、妇联主席、团支部委员、妇联执委等头衔,但都以兼职为主,只有妇联主席因兼任村委有工资,这一定程度上降低了其服务群众的积极性和能力。

(二)社区社会组织参与治理效果有待提升

访谈发现,影响社会组织参与社区治理满意度的因素有几点:一是社会组织存在发育不良,这就造成社区社会组织的规模不大,无法胜任政府转移出的社区治理职责。二是社会组织的经费困难,影响了社会组织参与社区治理的效果。三是社区社会组织的待遇较低,其工作人员的工资多数在 3000 元以下,这就造成社会组织专业人才的欠缺,影响其长期公信力的建设与治理效果。

(三)社区志愿服务常态化长效化有待加强

近些年来,安置点社区志愿服务得到了较快速发展,组织规模在扩大,参与人数在增加,但在满意度方面仍然有一定的提升空间。调查显示,对志愿服务组织和志愿者积极参与的社区相关服务的满意度为79.66%。访谈发现,影响志愿服务满意度的因素有以下几点:一是社区志愿服务服务组织的立法落后,使得政府购买社区志愿服务组织受到限制,政府部门无法对这些组织提供资金扶持。二是居民主动参与社区志愿服务的积极性不高,主动参加的群众只是少部分,多数人希望参与志愿活动时能获得部分报酬。三是社区志愿服务组织开展服务需要登记管理、注册资金、日常负担、活动章程、组织架构,而且在一些地方一些领域无法享受到优惠的财税政策、工资福利、社会保险等配套政策,这些都制约了社区志愿服务的发展。

表 5-11 贵州易地扶贫搬迁安置点社会力量协同治理满意度情况表

三级指标	非常满意	占比（%）	比较满意	占比（%）	满意	占比（%）	不太满意	占比（%）	很不满意	占比（%）	满意度（%）
1. 你对安置点工会、共青团、妇联等群团组织提供的服务满意吗	603	17.82	806	23.83	1148	33.93	406	12.00	420	12.42	75.58
2. 你对安置点教育培训、健康养老、公益慈善、防灾减灾、邻里互助、居民融入、纠纷调解以及农村生产技术服务等社区社会组织提供的各类服务满意吗	678	20.04	709	20.96	1456	43.04	370	10.94	170	5.03	84.04
3. 你对志愿服务组织和志愿者积极参与的社区相关服务满意吗	836	24.71	789	23.32	1070	31.63	409	12.09	279	8.25	79.66

第四节　安置点社区治理政策实施的优化

改善安置点社区的治理水平,可增强社区居住与生活环境的舒适性,增强安置居民社区认同感。当前,贵州易地扶贫搬迁安置点社区治理政策实施的优化,可以通过完善社区治理制度,构建治理主体互动机制等方面采取应对措施,最终实现多元治理主体共联共建的社区治理格局。

(一)完善社区居委会选聘制度

传统做法一般是政府拟定人选名单后,由有选举权的居民在这些人选中推选出管理人员。而设置配套选聘制度,可以打破传统选择管理人员方式,即可以支持能力强的人主动参与到竞选当中,也可以由居民自主投票来推选出他们认可度高,能够代表并做好管理工作的人员充实到管理工作中,切实做到移民自主选举管理者,这样选举出的人选更得民心,也可为社区居民提供更为优质的服务。

(二)健全社区管理人员年轻化机制

年轻力量的不断加入可以确保社区管理班子的更新。原村干部从移民社区成立即在移民社区从事管理工作,相对了解移民社区的基本情况,可以让他们发挥熟悉社区情况的管理作用,同时在原有管理班子的基础上要注重引进年轻力量。可采用社会招聘或人员选聘等多种形式,将具备相当社区管理经验、受教育水平较高的年轻管理人才引进到社区管理队伍中,更新管理观念,改进管理方式,使移民社区管理逐步、有序地向专业化、先进化、优质化方向发展。

(三)强化社区管理人员培训制度

培训是提高工作人员工作积极性和工作能力的重要方式。要借鉴先进的管理方式与管理理念,政府应当结合实际举办多期专题培训班,不断提升现有工作人员的管理能力与综合素质,用先进的理念武装工作人员的头脑。同时也要引导工作人员自主学习,利用现代成熟的网络技术,主动学习现代管理理念,社区管理人员应当具备这样的学习意识,能够积极自觉学习并努力实践,为社区的现代化管理提供助力。

二、强化基层党建引领核心功能

(一)提高基层党组织的领导素质

"提高社区治理效能,关键是加强党的领导。要推动党组织向基层延伸,把基层的工作做好"。[1] 政党组织建设是其强大领导力量的基

---

[1]　陈曦:《提高社区治理效能关键是加强党的领导》,《吉林日报》2020 年 11 月 2 日。

础。培育一支高素质的党员队伍,才能中国共产党才能在基层工作中发挥领导核心作用。为此,一是要高度重视社区党员的思想政治教育,不断提升其思想政治素质和能力,不断把那些思想政治素质好,社区管理能力强的党员充实到领导岗位。二是要按照公开、民主、平等、择优等原则选拔社区干部,推动建立安置点社区党组织的年轻化、知识化,引导党员干部团结协作,廉洁务实,带领群众搞好社区建设。

(二)提高党组织的基层统战能力

安置点的建设不是仅靠街道社区党组织就能完成的,它需要社会各种力量的广泛参与。提高党组织的基层统战能力,才能把一切积极因素团结在党组织周围,才能发挥领导核心作用。为此,一是要城依托街道、社区在新经济组织和新社会组织中建立党组织,通过在这些组织中设立联合党组织、党员服务站等办法,协调统一这些组织的资源与力量。二是以街道或社区的党组织为核心,以安置点搬迁群众的共同利益、需求和目标为纽带,推动社区党组织和党员开展条块结合的区域性党建。三是按照大党建理念整合基层党建资源,在街道设立街道党组织牵头的党建工作协调委员会,在社区设置社区党支部牵头的党建工作联席会,把同一社区的在领域、单位、隶属关系上互不相同的党组织和党员联系起来,共同开展社区治安联防、贫困对象联帮、文明小区联建等共驻共建活动。

(三)夯实社区党组织的群众基础

群众基础是社区党组织建设中不可或缺的因素。社区党组织和党员能否做好群众工作,直接关系党执政基础和党在群众心目中威望。夯实社区党组织的群众基础,一是要把服务群众作为社区党建工作根本出发点和落脚点,要把增强社区党员的责任感作为发挥党组织核心作用的关键,以为群众服务的方式增强社区群众的认同感。二是不断提升党员环境综合整治能力,推动社区环境净化,实现社区人与环境的和谐,不断改善居民生活质量,依托以社区党组织为核心的社区服务中心开展面向老人、儿童、残疾人、贫困户、优抚对象等的社会福利和救助服务。三是号召党员与积极分子积极为社区治理献计献策,在社区治理中发挥模范带头作用;根据社区党员居住楼栋成立党小组,推动党小组在处理社区事务上发挥战斗堡垒作用。

三、凸显社区基层政府主导作用

(一)强化基层政府的公共服务理念

提高思想认识是推动能力建设的前提。提升安置点基层政府公共服务能力,一是要求安置点基层政府根除落后的思想观念,强化公共服务理念,也就是要求树立以人民为中心的服务意识,推动基层政府从"经济型"到"服务型"的转变,为安置点搬迁群众提供优质公共服务。二是基层政府工作人员的"官本位"意识要向"民本位"意识转变,要明确为谁服务、怎样服务,不断增强自身的公仆意识,自觉地根据群众诉求制定、实施、评估与考核公共政策,真正做到权为民所用、情为民所系、利为民所谋。三是安置点的群众要增强主人翁意识,要以积极主动的姿态监督基层政府的公共决策和实施,推动基层政府摆脱传统公共服务模式,确立以人民为中心的服务理念。

(二)明确基层政府的公共服务定位

基层政府要履行好其公共服务职能,前提是明确定位其公共服务职能,也就是成为"公共服务型政府"。成为公共服务型政府,一是需要基层政府的工作重心转向公共服务,根据"有限""责任"和"法治"的政府建设目标,逐步由"管理型政府"向"服务型政府"转变。二是既要基层政府以满足安置点搬迁群众日益增长的美好生活需要为目标,采取措施增加满足群众需要的公共服务项目和内容,也要以满足安置点不同群体的公共需求为目标,为不同群体提供针对性服务。三是基层政府要建立与服务职能相适应的大部制,要按照大部制要求整合和优化内部机构,推动工作内容有重复或交叉的事务尽量归口到一个部门,减少相互推诿情况。四是基层政府要基于职能定位适当减少自身的经济功能和管理功能,相应加强公共服务部门,以便从根本上实现职能转变。

(三)增加基层政府的公共服务平台

基层政府与时俱进地创新公共服务供给方式,增加公共服务供给平台,才能真正提升其公共服务能力。一是健全基层政府公共服务共享平台,要学习"互联网+"思维,借助云计算、大数据、物联网等技术,用订阅号、公众号、微博等平台,推进基层政府信息公开与跨部门共享。二是完善基层政府电子政务服务平台,简化办事程序,依托统一共享的数据中心和数据,推动公共服务终端协同办理,使各个独立政务服务平台逐步整合为多部门协同的综合服务平台,最终打造出"一门式"服务平台。三是拓展基层政府政务服务平台外延,充分发掘移动终端、数字智能终端等载体的新型服务功能,推进第三方服务平台与基层政府合作,使得基层政府公共服务不断走向智能化、便捷化。四是搭建基层政府网络互动平台,制度化常态化地通过该平台发布服务信息,推动政务信息公开、透明,保障群众的知情权和监督权。

(四)推进基层政府的制度化管理

提升基层政府公共服务能力,科学合理的公共服务绩效考评机制和强有力的监督问责机制是前提。提高公共服务能力,一是要改变现有的压力型考核模式,以基层政府职能定位为依据建立绩效考评指标体系,根据安置点实际增加公共服务在绩效考核中的比重,按照定性与定量相结合原则建立一套综合性的考评指标体系。二是要改变以往由上级部门主持的自上而下的单向考核方式,坚持按照"自上而下"和"自下而上"结合的原则,以公众参与度和满意度为考评主维度,建立包含群众满意度评价和第三方考评等在内的多元化考核评估方式。三是要从内容上、形式上规范考核评估过程,以便保证考核信息采集的准确、有效和公正,真正实现"福"与"服"的统一,从而充分调动基层工作人员提升公共服务能力的积极性。四是完善基层政府的内外部监督问责机制,要在进一步健全基层政府的决策程序、联合审批制度、重大事项报告制度、听证制度等内部监督制度的同时,加强上级部门的业务监督和基层人大、政协代表的监督。

四、推动社区多元治理平台共建

（一）完善社区居委会发展的制度环境

制度环境是一系列用来建立生产、交换与分配基础的政治、法律规则。它作为一种外部宏观因素,能够对相关主体产生重要的影响。完善社区制度环境:一是修改《城市居民委员会组织法》,在该法律中明确社区居委会的权力和职责,比如规定哪类工作由居委会全权负责、哪类工作需请示上级等,通过职权统一为提高居委会工作效率营造良好制度环境。二是要根据《城市居民委员会组织法》规定的人民政府和派出机关对居委会是指导、支持和帮助关系,制定二者的权责清单,明确社区居委会的职责。

（二）健全社区民主协商的议题议事制度

一是要完善社区民主协商议题的确定机制,在议题产生之前,要制定议题选取标准和流程;议题征集过程中,社区工作人员广泛利用线上线下各种渠道搜集居民的真实意见,要尽可能面向不同群体开展搜集,以便确保议题的准确性和全面性;在议题信息征集后,要从中发掘出关注度最高的议题,并以投票形式确定最终议题。二是要规范社区民主协商的议事制度,要在专业工作者和相关经验丰富的社会组织的支持下,根据安置点的实际情况,制定一套符合本社区的能实现充分、自由、高效协商的议事制度,包括安排合适的主持人选、相关的资料准备、会议进行时的举手发言等。

(三)完善社区民主协商的反馈监督机制

一是要确保社区民主协商的监督机制能够对民主协商各个环节展开监督,在民主协商过程中,要监督民主协商各项工作的进度,确保在规定时间完成;在协商结果达成后,应监督具体部门及时公布协商结果,以便接受社区的群众监督,居委会的内部监督和外部监督。二是要推进社区民主协商监督常态化,要通过自愿报名和推选方式选定监督委员,由他们组成专门监督委员会,监督委员会对社区协商的各个关节实行轮换监督。三是建立协商成果实施反馈机制,民主协商的最终目的是解决问题,监督委员会要及时公布民主协商事务的进展,广泛收集群众意见,对民众的意见采纳情况要及时公布,及时沟通反馈,还要在协商成果落实后进行回访调查,并以群众评价为依据改进社区协商活动。

(四)搭建社区民主协商的多元化平台

平台是人们进行交流学习的具有很强互动性质的舞台。推动多元治理主体开展协商活动,除了要有制度化的保障以外,还要有多元化的协商平台。一是要结合社区自身实际因地制宜广开线下协商平台,比如社区议事会、民主恳谈会、民主评议会等。二是要采用利用业主 QQ群、微信群等建立网上民意邮箱、议事小站等,使得安置点居民能够打破时间地点的限制表达自己的想法和建议。三是要充分利用安置点的资源帮助社区民主协商制度化、规范化,比如,给社区民主协商活动拨付资金、对社区民主协商进行宣传、为社区民主协商提供物质保障等,这有助于扩大协商影响,发挥党和政府在社区协商中的引领作用。

(五)提升社区民主协商主体的协商能力

通过协商可以广纳群言、广集众智。提升社区群众民主协商能力是提高社区治理能力的重要形式。提高协商能力:一是加强社区民主协商培训,要组织街道的工作人员参加民主协商能力培训班,要他们理解协商的内涵和要求,从而能够准确地向安置点搬迁群众宣传普及民主协商知识,科学合理地制定民主协商政策,圆满指导民主协商工作的开展。二是安置点居委会工作人员要学习民主协商相关的辩论技巧,掌握民主协商的流程渠道,锻炼民主协商的意见表达,总结民主协商工作的完成情况。三是要为居民搭建民主协商学习平台和场所,以便向社区群众讲授协商理论和知识,帮助社区居民提升民主协商能力。

五、社会组织共商激活治理活力

(一)强化群团组织参与社区治理的积极性

在安置点的社区治理中,群团组织的影响不容忽视。推动群团组织参与社区治理,一是要明确群团组织在社区治理中的职能定位,即根据"党委领导、政府负责、社会协同、公众参与"的社区治理格局,进行自我调整,以适应"社会协同"的职能定位。二是群团组织要淡化行政色彩,要从理顺群团组织与政府部门的关系着手,摆脱行政束缚,独立发挥职能,从思想上转变对政府的依赖性。三是加强基层群团组织的干部队伍建设,要通过培训提升群团干部的职业化、专业化形象,要优化基层群团干部年龄和文化结构以适应工作需要,要增加群众评价的比重,促进群团干部工作积极性。

（二）提升社会组织参与社区治理的覆盖面

一是安置区基层政府应该积极推动社区社会组织建设,要完善社区社会组织的相关法律制度,为社区社会组织发展营造合作互动关系,要加大对社会组织的政策、经费和人才扶持力度。二是提升安置点群众参与志愿服务的积极性,要提供宣传教育提升安置点搬迁群众的参与意识,要注重拓宽安置点搬迁群众参与志愿服务的渠道,要通过积分、轮训和评优等方式保护群众参与志愿服务的积极性。三是要增强安置点社会组织的自主管理和服务能力,包括建立政府拨款、爱心拍卖、付费使用等多种资源资金引入模式,要以轮训考核等方式提升社会组织的管理水平和凝聚力,要以大力提升待遇的方式加强志愿服务队伍的建设。

（三）增强社区志愿服务参与社区治理的认同度

安置点社区志愿服务的发展要打好政府、社会力量和志愿组织"组合拳"。一是健全社区志愿服务相关制度,包括完善政府采购制度,明确志愿服务的项目、程序、原则、程序;完善税收优惠政策,为发展志愿服务建立专项预算、建立免税资格认定制度、优化民间捐赠税收优惠政策;完善组织登记备案制度,强化简政放权职能,减弱登记管理限制、简化备案程序。二是加强社区志愿服务保障,包括建设孵化培育、互联网服务平、宣传展示等平台,通过加大资金投入、吸引社会参与、降低服务成本等方式确保经费,以健全监管模式、创新监管手段等方式加强志愿服务监管。三是为志愿服务打造良好的外部环境,包括提供信息化的群众参与方式,建立协调机制和仲裁机制保障志愿者权益,培养居民对安置点的集体认同感和社区精神。

第六章 贵州易地扶贫搬迁安置点
基层党建政策实施研究

　　社区是现代社会中人的重要生活场域,是国家的基本构成单元。在我国,中国共产党在社区治理中担负着重要职责,发挥核心领导作用。社区是党和政府联系、服务居民群众的"最后一公里"①。因而,社区党建是中国共产党基层党组织整体活力的新生长点,它的好坏,不仅直接影响着社区治理成败,而且关系着党的执政地位的巩固。为认真贯彻落实中央和省委关于打赢脱贫攻坚战的决策部署,切实把易地扶贫搬迁安置点党组织建设成为坚强有力的攻坚堡垒,确保如期打赢脱贫攻坚战,贵州结合贵州城镇化集中安置的实际,制定了《关于加强和完善易地扶贫搬迁安置点基层党建体系的实施意见》,对加强和完善易地扶贫搬迁后续扶持和社区管理作出决策部署。

　　当前,学界对社区党建的研究取得了丰富的理论成果,但这里的社区是一般意义上的,没有关注到社区的特殊形式——易地扶贫搬迁安置点。易地扶贫搬迁社区党建的现状如何? 在各地的实践探索过程中涌现出哪些有益做法,又面临着哪些现实困境? 对这些抽象问题的回答只能以生动的客观事实和经验材料作为内容支撑。否则,社区党建

---

① 《落实责任　完善体系　整合资源　统筹力量　全面提高国家综合防灾减灾救灾能力》,《人民日报》2016 年 7 月 29 日。

研究便成了无源之水、无本之木。本书通过重点调研,尝试着对易地扶贫搬迁社区党建所存在的一些具有普遍意义的问题进行描述性概述,以期探索其建设路径和政策方向,为完善新时代安置点基层党建政策实施提供政策参考。

第一节 安置点基层党建政策实施的评价体系

基层党组织是中国共产党始终根植于人民群众的"神经末梢"。为了切实掌握贵州省安置点基层党建情况,课题组基于贵州《关于加强和完善易地扶贫搬迁安置点基层党建体系的实施意见》,同时也参考了民政部《关于在全国推进城市社区建设的意见》和中共中央办公厅印发的《关于加强和改进城市基层党的建设工作的意见》,制定了《贵州易地扶贫搬迁安置点基层党建政策实施满意度测评指标体系》和《贵州易地扶贫搬迁安置点基层党建政策实施情况评价体系》。

一、基层党建政策实施分析的核心概念

(一)基层党建

中国共产党最鲜明的特征在于始终根植于人民群众。通过基层党组织这个"神经末梢",中国共产党不但加强了与广大人民群众的血肉联系,而且推进了各项路线方针政策在广大基层的落实。因此,加强和改进基层党建对于基层社会治理现代化具有重要价值。所谓基层党建,就是一个包括社区党建、单位党建、区域化党建、新经济组织和新社会组织(简称"两新"组织)党建等在内的系统化党建工程。① 基层党

---

① 王宏源:《新型城镇化进程中城市基层党建工作创新路径研究》,《中州学刊》2018 年第7 期。

建之所以是系统化的,就在于它是一个多领域党组织汇集而成的有机整体。

2019 年 5 月,中央办公厅发布施行的《关于加强和改进城市基层党的建设工作的意见》(以下简称《意见》)强调:"充分发挥街道社区党组织领导作用,有机联结单位、行业及各领域党组织,构建区域统筹、条块协同、上下联动、共建共享的城市基层党建工作新格局。"①这明确指出了街道和社区党组织是城市基层党建的领导核心,检验社区党建能力需要依据社区党建的实际工作情况。《意见》还明确提出,社区党组织的本职工作是落实上级战略部署和推进域内小微企业和社会组织的党建。基于此,城市基层党建就是以街道党工委为核心,以城市社区党支部为基础,引领域内党员共同参加的系统化党建工程。

(二)社区党建

社区不是中国独有的现象,而是在所有国家现代化过程中产生的共有现象。2000 年,中央印发的第 23 号文件把社区定义为聚居在一定地域或一定范围内的人群所组成的社区生活共同体,它一般由人口要素、地域要素、文化要素、社区组织和公共设施五个要素构成。正是这五个要素的系统作用造就了社区的底蕴和内涵。计划经济时代,因为城市居民都是以"单位"为家,所以单位党组织对他们具有很高的权威。1978 年改革开放后,随着单位制日益走向衰落,社区因承载了单位承担的社会管理和服务职能而逐渐成为城市治理的基本单元。到了 2000 年,随着我国社区建设运动开展,社区党建得到了不断深化。在国家的推动下,社区党建表现出日益明显的国家化和行政化。

所谓社区党建,就是以社区党组织为领导核心,以社区的党建工作

---

① 《关于加强和改进城市基层党的建设工作的意见》,《人民日报》2019 年 5 月 9 日。

者队伍为骨干，联合社区内部的各个企业、事业单位等基层组织共同参与的区域性党的建设①。在新时代，社区党建因为处于新的时空环境，已经成为"以街道党组织为龙头，以社区党组织为核心，有机耦合其他党组织，融入组织、资源、制度与功能相交织的系统性和整体性党的建设进程"②。

（三）基层党建与社区党建的区别和联系

区别表现在：一是活动目的不同。基层党建以保持党组织的战斗力、实现党的领导为目的。社区党建除了此目标，要促进社区治理。二是组织覆盖面不同。基层党建以街道党工委为工作核心，覆盖的是居民区的支部建设。社区党建以社区党组织为工作核心，覆盖的是社区内的各类单位、社会组织的党组织和党员。三是领导体制不同。基层党建领导体制的特点是领导上的纵向性。社区党建领导体制是领导上的横向性，要与社区内的微小企业党组织进行协调。四是组织运行机制不同。基层党组织倾向于通过行政权力开展工作。社区党建则趋向于通过指导与服务开展工作。联系表现在：社区党建是基层党建的拓展和延伸，是加强基层建设的战略性选择，是巩固执政基础的阵地依托。基层党建和社区党建一样比单纯的行政治理更"暖"人心，做好基层党建有利于社区党建，从而打造共建联建共同体。

二、基层党建政策实施分析的指标体系

（一）安置点基层党建政策实施情况评价体系

贵州易地扶贫搬迁安置点基层党建政策实施情况评价体系的设计

---

① 杨晓彤：《城市社区党建研究——以沈阳市和平区马路湾街道社区为例》，东北大学2014年硕士学位论文。

② 曹新安：《新时代中国城市社区党建研究》，吉林大学2020年博士学位论文。

主要是基于贵州《关于加强和完善易地扶贫搬迁安置点基层党建体系的实施意见》，同时也参考了民政部《关于在全国推进城市社区建设的意见》和中共中央办公厅印发的《关于加强和改进城市基层党的建设工作的意见》，形式是总加量表，肯定回答得 1 分，否定回答得 0 分，适用于对安置点或其主要领导的调查。贵州易地扶贫搬迁安置点基层党建政策实施情况评价体系具体如表6-1 所示。

表 6-1　贵州易地扶贫搬迁安置点基层党建政策实施情况评价体系

一级指标	二级指标	三级指标
1. 健全安置点组织体系	1. 健全安置点领导机构	1. 县委成立易地扶贫搬迁安置点基层治理领导小组
	2. 建立安置点基层党组织	2. 安置点基层治理领导小组下设办事服务机构
	3. 加强安置点各类组织建设	1. 对安置点的党员信息进行了全面采集
2. 建强安置点干部队伍	4. 配强安置点领导班子	2. 根据党员数量、分布等情况,合理设置党总支、党支部
	5. 配齐安置点工作力量	3. 对搬迁党员的组织关系及时行转接并纳入统一管理
	6. 加强党员发展教育管理	1. 按照"六个同步"要求,建立了党组织和政权组织、经济组织、自治组织、群团组织、社会组织
	7. 提升干部队伍能力素质	2. 教育引导各种组织自觉服从党的领导,依法依规行使职权
3. 强化安置点党组织政治功能	8. 发挥党组织领导核心作用	1. 安置点党组织负责人是政治素质过硬、熟悉扶贫政策的党员干部
	9. 完善党建引领基层治理机制	2. 同步抓好安置点其他班子成员选配工作
	10. 开展"牢记嘱托、感恩奋进"主题教育	1. 安置点工作人员编制,由市级或县级党委统筹合理划定

一级指标	二级指标	三级指标
4. 健全安置点党建工作机制	11. 建立完善沟通协调机制	2. 以选派、聘用、招考等方式选拔优秀人才,充实安置点干部队伍
	12. 建立完善工作力量下沉机制	3. 社区党组织负责人通过法定程序兼任社区"两委"或其他组织负责人
	13. 建立完善网格化管理机制	4. 注重把离任村干部、年轻党员群众、致富带头人等选配为居民小组和楼栋负责人
5. 落实基层党建保障措施	14. 强化主体责任	1. 把政治标准放在首位,拓宽党员发展渠道
	15. 强化工作保障	2. 安置点党组织每年至少对党员集中培训 1 次
	16. 强化考核评价	3. 严格执行"三会一课"、民主评议党员等组织生活制度
	17. 强化示范引领	4. 及时排查党员组织关系,排查登记和信息台账健全完备、更新及时

(二)基层党建政策实施满意度评价指标体系

本书的贵州易地扶贫搬迁安置点基层党建政策实施满意度测评指标体系,主要基于贵州《关于加强和完善易地扶贫搬迁安置点基层党建体系的实施意见》,同时也参考了民政部《关于在全国推进城市社区建设的意见》和中共中央办公厅印发的《关于加强和改进城市基层党的建设工作的意见》,形式是李克特量表,非常满意得 5 分、满意得 4 分、满意得 3 分、不太满意得 2 分、很不满意得 1 分。本表适用于对安置点普通群众的调查。为了准确群众对群众培训和就业服务政策实施的满意度,我们主要选取 20 岁以上群众进行调查。贵州易地扶贫搬迁安置点基层党建政策实施满意度测评指标体系如表 6-2所示。

表6-2 贵州易地扶贫搬迁安置点基层党建政策实施满意度测评指标体系

一级指标	二级指标	三级指标
1. 健全安置点组织体系	1. 健全安置点领导机构	1. 你对安置点基层治理领导小组负责的各项工作满意吗
	2. 建立安置点基层党组织	2. 你对安置点党组织的工作满意吗
	3. 加强安置点各类组织建设	3. 你对安置点内的自治组织、群团组织和各类社会服务组织的工作满意吗
2. 建强安置点干部队伍	4. 配强安置点领导班子	4. 你对安置点党组织负责人的工作能力满意吗
	5. 配齐安置点工作力量	5. 你对安置点党组织的党员工作能力满意吗
	6. 加强党员发展教育管理	6. 你对安置点党组织培养的新党员满意吗
	7. 提升干部队伍能力素质	7. 你对安置点党员干部的扶贫政策水平满意吗
3. 强化安置点党组织政治功能	8. 发挥党组织领导核心作用	8. 你对安置点党组织在本安置点建设中的核心作用满意吗
	9. 完善党建引领基层治理机制	9. 你对安置点党组织领导召开的居民代表会议、群众会满意吗
	10. 开展"牢记嘱托、感恩奋进"主题教育	10. 你对安置点党组织开展的感恩教育活动满意吗
4. 健全安置点党建工作机制	11. 建立完善沟通协调机制	11. 你对迁出地乡镇(街道)党(工)委与安置点党组织建立沟通机制,采取派驻干部到安置点、定期召开协调会等方式,配合抓好安置点搬迁群众的帮扶、管理和相关政策衔接保障
	12. 建立完善工作力量下沉机制	12. 你对分配到安置点的人社、卫健、民政、公安、教育等资源满意吗
	13. 建立完善网格化管理机制	13. 你对安置点构建的"居委会—网格—楼栋"的纵向网格化管理满意吗

第二节 安置点基层党建政策实施情况分析

随着易地扶贫搬迁开展和农民向城镇转移,易地扶贫搬迁安置点作为一种新的社区形态对基层党建带来的挑战,贵州进行了有益尝试,并取得了较大进展。贵州在安置点初步建立了基层党建领导体系基和层党建队伍,强化了基层党组织的政治功能和基层党建工作机制,坚持以安置点搬迁群众为中心,把增进搬迁群众福祉作为党建工作的出发点和落脚点,切实解决搬迁群众就业、就学、就医和社会保障等现实需求,等等。

一、基层党建领导体系初步建立

（一）成立了安置点基层治理领导小组

调查发现,贵州的各个县都能够根据《关于加强和完善易地扶贫搬迁安置点基层党建体系的实施意见》,成立由县(市、区)党委书记、副书记、县直有关部门、搬出地和搬入地乡镇(街道)等组成的安置点基层治理领导小组,在县(市、区)党委、政府领导下统筹协调安置点各项工作。并且,能够在规模适度的安置点成立易地扶贫搬迁安置点党委,同步成立办事服务机构,委托所在乡镇(街道)管理,而对于人数较少的安置点,则能够纳入所在地乡镇(街道)进行管理。

（二）建立了安置点基层党组织

调查发现,各个安置点都建立了基层党组织,并按照全面覆盖、有效覆盖的要求,对安置点的党员信息进行全面采集,初步摸清党员、入党积极分子等人员底数。在此基础上,打破地域限制,及时转接搬迁党员的组织关系,把安置点居住党员的党组织关系纳入安置点所属地党委管理工作范围。安置点所属地党委都能够根据安置点党员数量和分布,合理设置党总支、党支部。对于党员数达不到3人的,则采取联建、下派党建指导员等方式,确保党的工作全覆盖。

（三）加强了安置点党对各类组织的建设与领导

调查发现，目前，安置点已经形成了以党组织为核心、以自治组织为主体、以群团组织和各类社会服务组织为纽带、以经济组织为支撑的基层组织体系。除了只有40.35%的搬迁安置点能够按照"六个同步"要求，在安置点开展经济文化和社会建设时，着力建立健全安置点的党组织，以及政权、经济、自治、群团和社会方面的各种组织以外，所有安置点都能够注意加强党组织对各种组织的统一领导，建立安置点基层党组织教育引导各种组织自觉服从党的领导，依法依规行使职权，具体如表6-3所示。

表6-3　贵州易地扶贫搬迁安置点基层党建领导体系情况

一级指标	二级指标	三级指标	频数	占比（%）
1. 健全安置点党和组织体系	1. 健全安置点领导机构	（1）县委成立易地扶贫搬迁安置点基层治理领导小组	171	100.00
		（2）安置点基层治理领导小组下设办事服务机构	171	100.00
	2. 建立安置点基层党组织	（1）对安置点的党员信息进行了全面采集	171	100.00
		（2）根据党员数量、分布等情况，合理设置党总支、党支部	171	100.00
		（3）对搬迁党员的组织关系及时行转接并纳入统一管理	171	100.00
	3. 加强安置点各类组织建设	（1）按照"六个同步"要求，建立了党组织和政权组织、经济组织、自治组织、群团组织、社会组织	69	40.35
		（2）教育引导各种组织自觉服从党的领导，依法依规行使职权	171	100.00

二、基层党建队伍建设基本完成

（一）建立了安置点基层党组织的领导班子

火车跑得快，全靠车头带。建强安置点党的组织班子是搞好安置点各项工作的前提。调查发现,贵州各易地扶贫搬迁安置点都比较重视基层党组织建设。一是所在的县(市、区)党委都能按照新时代好干部标准,扩大选人用人视野,将政治素质过硬、熟悉扶贫政策、善做群众工作的党员干部选配为安置点党组织和工作机构负责人,同步抓好其他班子成员选配工作。二是对于规模较大、情况复杂的安置点党组织,能够安排县级党员领导干部兼任党组织书记。三是在政治素质高、发展能力强的领导带领下,安置点党组织普遍拥有较为扎实的工作作风和群众基础。

(二)配齐安置点党组织的工作力量

党员是基层党组织的细胞,是安置点党组织战斗力的基础。安置点基层党组织的党员来源较为单一,其中大多数来自于农村党员,存在文化偏低、年龄偏大、能力偏弱等制约党员发挥先锋模范作用的因素。调查显示,78.95%的安置点党组织工作人员是由市级或县级党委统筹合理划定了编制。68.42%的安置点基层党组织工作中包含有由市级或县级党委统筹下派的高水平领导。这些领导多从搬出地公共服务类事业编制中选派、聘用、招考和跨区域调配,熟悉安置点农民的风土人情,综合素质高。在配强社区"两委"正职方面,71.93%安置点党组织负责人通过法定程序兼任其他组织负责人。在把好发展党员"五关"①的前提下,有57.89%的安置点党组织也积极吸纳新鲜血液,努力把离任村干部、年轻党员群众、致富带头人等选配为居民小组和楼栋负责人。

(三)加强安置点党员发展教育管理

引导安置点搬迁党员发挥先锋模范作用,需要坚持以政治标准优

---

① 即思想关、行动关、选拔关、程序关和出口关。

先原则发展党员,拓宽党员发展渠道。调查发现,61.40%安置点党组织能够按照上级要求,把政治标准放在首位,拓宽党员发展渠道。所有的安置点基层党组织能完成每年至少组织 1 次党员集中培训,有的基层党组织甚至能主动邀请党建专家进入帮助开展工作实务、难点及破解方法等党务培训任务。63.16%的安置点基层党组织能够严格执行"三会一课"、支部主题党日、民主评议党员等组织生活制度,为党组织建设及基层民主自治建言献策,严肃党内纪律。在推动"智慧党建"方面,所有的安置点基层党组织能够及时对党员组织关系进行排查,排查登记和信息台账健全完备、更新及时。

(四)提升安置点党员干部队伍能力素质

提升党组织战斗力,需要增强党员干部的工作能力。调查发现,安置点能够通过培训平台建设、资源共享建设等提高党员干部队伍能力素质。所有的安置点党组织能够按照抓好党员培训平台建设和培训实战化导向的要求,充分利用"新时代学习大讲堂""新时代文明实践中心"平台,不定期开展党史学习,引导党员干部坚定理想信念,增强服务意识,转变工作作风,提高服务群众本领,把基层党员变为安置点搬迁群众欢迎的"七员"党员①。63.16%的安置点党组织抓好党建活动场所建设,在安置点内建设配有电视、书刊、影像、网络等设施的"多功能②党群活动室",采取实训教学、送学上门,引领党员干部学习党的基本知识、基本理论以及扶贫政策等。

---

① 即社区建设的管理员、政策传达的宣传员、维护稳定的信息员、安居乐业的安全员、邻里纠纷的调解员、社区秩序的维护员、活动开展的组织员。

② 即集党员活动、教育培训、便民服务、办公议事、文体娱乐、信息集散等功能。

表 6-4　贵州易地扶贫搬迁安置点基层党建队伍建设情况

一级指标	二级指标	三级指标	频数	占比（%）
2. 建强安置点党的干部队伍	4. 配强安置点领导班子	（1）安置点党组织负责人是政治素质过硬、熟悉扶贫政策的党员干部	171	100.00
		（2）同步抓好安置点其他班子成员选配工作	114	66.67
	5. 配齐安置点工作力量	（1）安置点工作人员编制，由市级或县级党委统筹合理划定	135	78.95
		（2）以选派、聘用、招考等方式选拔优秀人才，充实安置点干部队伍	117	68.42
		（3）社区党组织负责人通过法定程序兼任社区"两委"或其他组织负责人	123	71.93
		（4）注重把离任村干部、年轻党员群众、致富带头人等选配为居民小组和楼栋负责人	171	57.89
	6. 加强党员发展教育管理	（1）把政治标准放在首位，拓宽党员发展渠道	105	61.40
		（2）安置点党组织每年至少对党员集中培训1次	171	100.00
		（3）严格执行"三会一课"、民主评议党员等组织生活制度	108	63.16
		（4）及时排查党员组织关系，排查登记和信息台账健全完备、更新及时	171	100.00
	7. 提升干部队伍能力素质	（1）用"新时代学习大讲堂""新时代文明实践中心"等平台载体开展实战化培训	171	100.00
		（2）以实训教学、送学上门等形式，推动党员干部学习党的基本知识及扶贫政策等	108	63.16

三、强化基层党组织的政治功能

（一）发挥党组织在安置点的领导核心作用

党的宗旨是全心全意为人民服务，践行党的宗旨需要建设服务型党组织。调查发现，所有安置点党组织能够坚持对安置点各项工作的全面领导，加强对群团组织、社团组织等组织的统一领导，他们通过不断强化服务理念,建立党员服务台账①,实行"同心圆"②工作法,积极开展了"三项服务"③,鼓励党员在社区环境治理、政策宣传、群防群治、结对服务特殊人群等活动中发挥模范带头作用。84.21%的安置点健全了党组织的议事规则,能够及时讨论决定涉及本安置点社会建设、社区治理等重要问题,积极谋划、推进好易地扶贫搬迁重大事项。所有安置点按照干部管理权限,负责对安置点干部进行教育、培训、选拔、考核和监督工作。

(二)完善基层组织党建引领基层治理的机制

安置点搬迁不仅意味着农民生活环境的城镇化,也意味着农民思想文化生活的市民化。调查发现,安置点基层党组织高度重视社区环境的治理,重视搬迁农民的思想引导。所有安置点基层党组织都建立健全党领导下的多元主体参与、法治自治相结合的安置点基层治理机制,领导群众以居民代表会议、群众会等形式开展民主自治实践。75.44%的安置点结合安置点实际建设了群众谈心室、说事室,积极采取措施调动各类组织和党员群众共同参与市民教育、就业培训等社区治理工作。

(三)强化安置点搬迁群众的思想政治工作

思想政治工作是经济工作和其他一切工作的生命线,是团结全党和全国各族人民实现党和国家各项任务的中心环节。调查发现,所有安置点党组织非常重视群众的思想政治工作,都深入开展了"牢记嘱托、感恩奋进"主题教育,从而激发他们积极奋斗,用勤劳创造幸福;都

---

① 即党组织通过细化的方式对党员的服务时间、地点、内容进行登记造册。
② 即党组织活动以社区党员群众切身利益为圆心,以工作目标同向、社区群众同心、党群组织同力为半径。
③ 即党员干部包片服务、党员认岗服务和党员志愿者服务。

大力开展了弘扬社会主义核心价值观和新时代贵州精神活动,深入社区宣传传统美德、社会公德、家庭美德和革命道德,为群众植入道德基因和红色基因,实现党建与社建互融共进。此外,也有一些安置点基层党组织完善了公共卫生、邻里互助、勤俭节约等居民公约,积极引导群众改掉陈规陋习和进一步关心残疾人士、孤寡老人、"双困"人员等弱势群众,推动他们较好融入社区生活。

表6-5 贵州易地扶贫搬迁安置点基层党组织的政治功能情况

一级指标	二级指标	三级指标	频数	占比（%）
3. 强化安置点党组织政治功能	8. 发挥党组织领导核心作用	（1）加强了对安置点各类群团组织、社团组织的统一领导	171	100.00
		（2）能够及时讨论决定安置点重大事项、重要问题	144	84.21
		（3）能按照干部管理权限,对安置点干部进行教育培训和考核监督	100	58.48
	9. 完善党建引领基层治理机制	（1）建立健全了党对居民代表会议、群众会等民主决策实践的领导机制	171	100.00
		（2）通过群众谈心室、说事室调动社区各类组织和群众参与社区治理	129	75.44
	10. 开展"牢记嘱托、感恩奋进"主题教育	（1）在安置点深入开展了"牢记嘱托、感恩奋进"主题教育	171	100.00
		（2）在安置点大力宣传了社会主义核心价值观和新时代贵州精神	171	100.00
		（3）在安置点围绕改掉陈规滥习,开展了传统美德、社会公德、家庭美德的宣传	138	80.70

四、基层党建工作机制更加合理

（一）建立了基层党组织的沟通协调机制

基层党组织的沟通协调机制建设要以易地扶贫搬迁"一盘棋""一

张网""一体化"为目标,打通安置点各个组织工作模块,实现党建数据互联互通,干部、公务员和人才管理等工作"智慧化"。调查发现,所有安置点党组织与搬出地乡镇(街道)党(工)委都建立沟通机制,68.42%的搬出地乡镇(街道)党(工)委通过派驻干部到安置点、定期召开协调会等方式,配合抓好安置点搬迁群众帮扶、管理和相关政策衔接保障等问题。

(二)制定了基层党组织的工作力量下沉机制

61.40%安置点党组织健全了公共资源、人才资源下沉安置点的机制,有力推动人社、卫健、民政、等部门把优质资源和机关工作力量下沉到搬迁安置点。比如,建立了安置点资源分配责任制度、安置点例会制度、安置点资源考核制度和申报制度,以确保公共服务资源能够以搬迁安置点党组织为主渠道投放到基层。56.14%的安置点能够依托安置点运行良好的"社区(党总支)—院落(党支部)—楼栋(党小组)"组织体系,组织开展支部亮旗帜、党员亮身份等活动,推动安置点党员发挥先锋模范作用进楼入户宣讲政策,与群众建立"亲戚式"党群关系。

(三)确立了基层党组织的网格化管理机制

所有安置点都合理划分了社区网格,构建了"居委会—网格 楼栋"的纵向网格化管理层级,确保安置点搬迁群众都纳入有效管理。同时,还把党支部和党小组建在网格上,选优配强党支部书记或党小组长。比如,鼓励基层党组织班子成员、党小组长和党员等骨干担任网格员,保持网格员队伍与群众紧密联系,最大限度地减少矛盾,促进和谐。

表6-6 贵州易地扶贫搬迁安置点基层党建工作机制情况

一级指标	二级指标	三级指标	频数	占比(%)
4. 健全安置点党建工作机制	11. 建立完善沟通协调机制	(1)搬出地乡镇(街道)党(工)委与安置点党组织建立了常态化沟通机制	171	100.00
		(2)安置点党组织与迁出地党组织能以派驻干部、定期召开协调会等方式配合抓好搬迁群众工作	117	68.42
	12. 建立完善工作力量下沉机制	(1)投放基层的公共服务资源能以安置点党组织为主渠道落实	105	61.40
		(2)为密切党群干群关系,开展了支部亮旗帜、党员亮身份等活动	96	56.14
	13. 建立完善网格化管理机制	(1)构建覆盖每一名搬迁群众的"居委会—网格—楼栋"纵向网格化管理层级	171	100.00
		(2)基层党组织班子成员、党小组长和党员等骨干都担任了网格员	171	100.00

五、基层党建保障措施得到夯实

(一)强化基层党组织党建的主体责任

各级党委(党组)能把易地扶贫搬迁安置点的党建工作,纳入本级党建总体规划,与其他社区的党建工作共同谋划、部署和推进,能够定期召开常委会听取安置点党建工作汇报,研究解决安置点存在问题,加强安置点党建工作指导,推动安置点党建工作落实。上级纪委监委、组织、移民等部门,也能坚持"一盘棋"思想,合力推进安置点各项党建工作。

(二)强化基层党组织党建工作的激励保障

所有安置点能够按照不低于搬入地城市社区保障标准,保证有基本的运转经费和服务群众专项经费。所有安置点推动了社区活动场所标准化、规范化建设,能够满足安置点党务政务服务、党组织活动、居民议事等需求。此外,71.93%的安置点为了激发安置点党员干部的工作动力,对他们加强了关心关爱和激励保障,比如,在表彰奖励、提拔任用中优先考虑群众公认的工作优秀的党员干部。

(三)强化基层党组织党建工作的考核评价

一是把易地扶贫搬迁安置点党的建设作为市县乡党委书记抓党建工作述职评议的重要内容,述职评议结果作为对领导班子评价的重要依据、对领导干部调整配备、选拔任用的重要参考。二是建立安置点基层党组织考核机制,设置日常考核、年度考核、其他考核等考核项目,并把每个考核项目细化为考核指标,通过党委、党支部、党员三种途径考核打分,并按要求公示考核结果。三是制定奖惩措施,对优秀的党组织和党员,给予物质奖励和授予荣誉,并作为评优评先和提拔重用的重要依据;对服务不到位、管理混乱的党组织,要提出改进意见,对群众不满意的党员,要进行诫勉谈话。

(四)强化基层党组织党建工作的示范引领

易地扶贫搬迁安置点基层党建工作是一项全新工作,做好这项工作需要充分尊重基层党组织的首创精神,鼓励他们根据实际大胆创新、勇于实践。调查发现,所有安置点党组织在基层工作中探索出的特色做法和经验,都能为上级及时进行总结提升和推广运用。也有31.5%的安置点尝试性地运用各类网络新闻媒体,广泛宣传报道在党建工作中涌现出来的典型经验和先进人物。

表 6-7　贵州易地扶贫搬迁安置点基层党建保障措施情况

一级指标	二级指标	三级指标	频数	占比（%）
5. 落实基层党建保障措施	14. 强化主体责任	（1）上级党委（党组）能把安置点的党建工作纳入总体规划，同谋划、同推进	171	100.00
		（2）上级党委能定期听取安置点党建汇报，研究安置点党建问题	171	100.00
		（3）纪委、移民、扶贫、人社、财政等部门能合力支持安置点党建	171	100.00
	15. 强化工作保障	（1）安置点党建的基本运转经费和专项经费不低于搬入地城市社区保障标准	171	100.00
		（2）安置点场所满足党务政务服务、党组织活动、居民议事等需求	117	68.42
	16. 强化考核评价	能表彰奖励、提拔任用工作实绩突出、群众公认的干部	123	71.93
	17. 强化示范引领	（1）上级对基层党建工作中的特色做法和经验，能及时总结和推广	171	100.00
		（2）对安置点党建中的典型经验和先进人物能进行广泛宣传	54	31.58

第三节　安置点基层党建政策实施的满意度分析

党建工作在任何时期都带有所在时代的气息。作为全国易地扶贫搬迁安置点的缩影，贵州易地扶贫搬迁安置点党建工作具有一定的代表性。贵州安置点党建工作取得了许多进展，同时因为社会成员分化、价值观念多元、人际网络结构重组等影响，也面临统筹协调能力不强、干部队伍发育不足、组织功能发挥失准和工作机制供给不足的问题。

一、基层党的统筹协调能力不强

(一)党组织统筹安置点建设的能力较弱

调查发现,94.09%的安置点搬迁群众对县(市、区)在安置点建设和治理方面的领导作用表示满意,如表6-8所示。不满意的主要原因有以下几点:一是易地扶贫搬迁安置点基层治理领导小组的工作谋划不够。在领导小组中的各成员机构之间,因为既没有行政上的隶属关系,又没有特别完善的相互监督约束机制,因此,它们在安置点的驻点单位在参与安置点党的建设方面的能力就比较薄弱,不能有效协同。二是安置点领导小组在工作过程中习惯于纵向的行政管理,而缺乏站在全局去统筹思考安置点党建的意识,因而在加强基层团队协作分工上的自觉较弱。三是基层党组织与下派的驻点人员之间往往是扶持帮助的关系,对这些无隶属关系的党员没有落实管理权限。

(二)共驻共建的基层党建机制尚未形成

调查发现,90.48%的安置点搬迁群众满意安置点基层党组织的统筹协调能力。访谈发现,不满意的原因主要有以下几点:一是安置点基层党组织的设立是街道、居委会依据其所在区域划分的,因为承担了安置点建设的大量工作,使得这种以区域为主导党建组织形式和运行机制尚未能完全形成,社区党组织在社区建设中的核心地位和领导作用还未充分发挥。二是与传统体制的街居组织不同,安置点党组织经手了政治资源、组织资源、思想资源等多种资源,但囿于传统街居工作的思维模式和分配权限,安置点基层党组织领导无法充分认识和利用这些资源共驻共建,使得"资源共享"的党建理念和氛围一时无法形成。

（三）治理主体参与安置点建设的热情不高

对于安置点内的自治组织、群团组织和各类社会服务组织的工作，安置点搬迁群众的满意度为 75.38%。不满意的主要原因是以下几点：一是这些治理主体参与社区自治的动力较小。易地扶贫搬迁安置是政府强力推动的结果，安置点的治理也仍然延续着行政主导的传统，因而安置点的自治组织、群团组织和社会组织在其中发挥的作用相对小得多。二是治理主体的督查考核弱化。与安置点基层党组织相比，安置点的工青妇等群团、志愿服务组织等配套组织承担的责任并不大，在没有严格的监督考核和奖惩机制的压力下，往往缺乏主动沟通协调的动力。三是统筹沟通能力不强，安置点是一个新生的社会空间，其中的一些组织和工作人员并不十分熟悉，这给工作中的沟通协调带来了一定的障碍。

表6-8　贵州易地扶贫搬迁安置点基本管理单元满意度情况表

三级指标	非常满意	占比（%）	比较满意	占比（%）	满意	占比（%）	不太满意	占比（%）	很不满意	占比（%）	满意度（%）
1. 你对县市区在安置点建设和治理方面的领导作用满意吗	699	20.66	961	28.41	1523	45.02	140	4.14	60	1.77	94.09
2. 你对安置点党组织在建设中的统一管理能力满意吗	582	17.20	855	25.27	1624	48.00	277	8.19	45	1.33	90.48
3. 你对所在安置点内的自治组织、群团组织和各类社会服务组织的工作满意吗	516	15.25	784	23.17	1250	36.95	470	13.89	363	10.73	75.38

二、基层党建干部队伍建设有待加强

（一）个别基层党组织领导党建观存在偏差

表6-9所示,93.53%的安置点搬迁群众满意所在安置点党组织负责人的工作能力。不满意的原因是:与传统的城市社区相比,易地扶贫搬迁安置点党员的政治地位、组织关系、思想认识、职业情况、经济收入、教育程度都有很大不同,其党建工作者是对大多数党建工作者来说是一个新兴领域,这导致他们对安置点党建工作存在着不同程度的认知偏差。一是有的未能正确认识新型城镇化与安置点党建的关系,他们忽视安置点党建与一般社区党建的区别,认为安置点党建不过是换个名字,导致安置点党组织功能、运行机制无法迅速实现转变。二是有的基于政绩考虑,认为安置点党建的首要任务是搞好经济和维护稳定,对安置点党建缺少激情和动力,致使许多党建工作只是停留在文件、会议和口号的上面。三是有的对安置点的党建创新工作的价值认识不足,习惯于传统党建方式和思维模式,不能采取有效措施解决各类安置点组织之间的磨合问题,使得安置点党建不能很好地满足居民需求。

（二）基层党组织的干部队伍比较薄弱

安置点党建作为新生事物,存在发育不足、建设任务繁重的问题,具有"点多、线长、面广"的特点。作为安置点党组织的中坚力量——干部队伍,既承担领导安置点建设和治理的社会使命,也肩负着凝聚人心的党的任务。如表6-9所示,91.63%的安置点搬迁群众对安置点党组织的干部队伍表示满意。不满意的原因主要是安置点党员大多是来自农村农民,学历低、年龄大、视野窄,而且缺乏系统规范的培训。

（三）安置点党员的发展教育难度加大

对于新党员的发展教育,群众的满意度是比较高的,达到

96.07%。不满意的原因有:一是安置点党员结构日益复杂。流动党员因工作性质和现实利益等影响而甘做"口袋党员、隐形党员";在职党员安置点党组织缺少认同而乐做"党费党员、编外党员"。老龄党员受心态和身体情况限制而无法继续在安置点党组织中有效发挥政治资源优势。就业不充分党员迫于生计压力而不能经常参加安置点党组织生活。二是安置点党建受农村党建惯性影响而采取集中统一的教育管理,不能适应党员对学习方式多元化、组织生活丰富化的需要。

(四)提升干部队伍能力素质

调查发现:对于安置点党员干部的扶贫政策水平,79.69%的安置点搬迁群众表示满意,满意度是比较低的。不满意的原因有:一是由于文化水平低、行政事务繁重、工作待遇低、发展机会少等因素,一些安置点党务工作者的工作缺乏积极性与主动性,导致安置点党建工作"悬浮"。二是安置点多数党务工作者存在"等、靠、要"思想,习惯依靠上级指示开展工作,导致把党建工作局限于通知开会、调解矛盾等。因而,部分安置点搬迁群众认为需要对党建工作内容、形式、平台、载体加以创新。

表6-9 贵州易地扶贫搬迁安置点基本管理单元满意度情况表

三级指标	非常满意	占比(%)	比较满意	占比(%)	满意	占比(%)	不太满意	占比(%)	很不满意	占比(%)	满意度(%)
4. 你对所在安置点党组织负责人的工作能力满意吗	629	18.59	811	23.97	1724	50.96	188	5.56	31	0.92	93.53
5..你对所在安置点党组织的党员工作能力满意吗	724	21.40	956	28.26	1420	41.97	166	4.91	117	3.46	91.63

续表

三级指标	非常满意	占比（%）	比较满意	占比（%）	满意	占比（%）	不太满意	占比（%）	很不满意	占比（%）	满意度（%）
6.你对所在安置点党组织培养的新党员满意吗	772	22.82	1027	30.36	1451	42.89	119	3.52	14	0.41	96.07
7.你对所在安置点党员干部的扶贫政策水平满意吗	629	18.59	944	27.90	1123	33.20	472	13.95	215	6.36	79.69

三、党组织定位的功能发挥有待提升

（一）一些安置点党组织的核心作用出现越位

对安置点党组织在本安置点建设中的核心作用,90.81%的安置点搬迁群众表示满意。实现善治既是安置点社会建设的价值依归,也是安置点党建的重要目标。然而,一些安置点党组织在领导中出现越位和缺位两种极端。有的安置点党组织以"全能主义者"自居,在坚持对安置点建设集中统一领导时,习惯于直接指挥或命令居委会等自治组织,导致安置点出现党组织功能泛化和"强政党—弱社会"格局。也有安置点党组织领导走向另一极端,认为安置点建设与其他社区治理没有区别,要淡化党组织对安置点建设的领导,由此导致了安置点出现"弱政党—强社会"格局。实际上,安置点党组织如何领导安置点自治力量要因地制宜,不能把坚持安置点党的领导和坚持安置点自治绝对对立起来。

（二）一些安置点党建引领基层治理的机制不够健全

对安置点党组织在召开的居民代表会议、群众会发挥的领导作用,安置点搬迁群众的满意度为89.86%。不满意的原因主要是:一是有

的安置点党组织缺乏常态化和科学化服务，群众诉求渠道不畅，对诉求处置随意。比如，安置点搬迁群众对党组织核心作用表示不满意，认为党组织在入户走访、解决实际问题上的能力欠佳。二是安置点组织没有摆脱传统党建功能思维，忽视服务型党组织的价值，其服务理念停留在号召、文件上，没有转化为实际行动。三是安置点党组织受限于职权、能力和资源等，缺少工作抓手，导致基层治理引领的力量不强、水平不高、领域不广、平台不多等。

（三）一些安置点党组织对群众教育引导存在形式化

对安置点党组织开展的感恩教育活动，群众满意度是95.00%.不满意的原因主要有以下几点：一是有的安置点党组织对感恩教育存在内涵把握不准、教育形式单调的问题，对群众比较关注的就业、社保、医疗、文化等民生教育开展不足，使得感恩教育没有契合群众诉求。二是把"牢记嘱托、感恩奋进"主题教育的对象定位在弱势群体上，对年轻人缺乏激发他们发扬奋斗精神的有效途径，不能激发他们用勤劳双手创造幸福生活。三是有的安置点党组织没有把感恩教育与解决安置点搬迁群众实际问题结合起来，使得感恩教育停留在道德说教上。

表6-10　贵州易地扶贫搬迁安置点基本管理单元满意度情况表

三级指标	非常满意	占比（%）	比较满意	占比（%）	满意	占比（%）	不太满意	占比（%）	很不满意	占比（%）	满意度（%）
8. 你对安置点党组织在本安置点建设中的核心作用满意吗	642	18.98	1103	32.60	1327	39.23	265	7.83	46	1.36	90.81
9. 你对安置点党组织在召开的居民代表会议、群众会发挥的领导作用满意吗	756	22.35	1080	31.92	1204	35.59	171	5.05	172	5.08	89.86

续表

三级指标	非常满意	占比（%）	比较满意	占比（%）	满意	占比（%）	不太满意	占比（%）	很不满意	占比（%）	满意度（%）
10. 你对安置点党组织开展的感恩教育活动满意吗	763	22.55	1026	30.33	1425	42.12	124	3.67	45	1.33	95.00

第四节　安置点基层党建政策实施的优化

易地扶贫搬迁工作是精准扶贫"五个一批"工作中任务最重、难度最大的硬骨头，必须坚持党建引领，把党建摆在安置点整体工作的突出位置来抓。习近平总书记指出，坚持党的全面领导是坚持和发展中国特色社会主义的必由之路。只要坚定不移坚持党的全面领导、维护党中央权威和集中统一领导，我们就一定能够确保全党全国拥有团结奋斗的强大政治凝聚力、发展自信心，集聚起守正创新、共克时艰的强大力量，形成风雨来袭时全体人民最可靠的主心骨。① 就是说，必须自觉地把加强安置点基层党建工作放在新型城镇化进程中去谋划，深刻把握安置点党建工作的内在规律和本质特征，要求安置点党建相关主体确立党建引领观念，提高党务工作者的综合素质，强化安置点党组织政治功能，完善党建协调推进体制机制。

一、强化基层相关主体的党建引领意识

易地扶贫搬迁安置点基层治理领导小组是安置点党建工作的领导

---

① 《不断巩固中华民族共同体思想基础　共同建设伟大祖国　共同创造美好生活》，《人民日报》2022 年 3 月 6 日。

机构,其党建观念直接关系安置点建设和党的执政基础。因此,必须以安置点基层治理领导小组为龙头,坚持"思想先行",积极转变党建观念,促进安置点党建工作良性发展。

（一）安置点基层治理领导小组要确立统筹发展理念

安置点党建进程是由农村党建逐渐发展成为城市党建的过程,其发展必然深受农村党组织和城市党组织的共同影响。一是要加强安置点党建工作,既要考虑到安置点党建特殊性,明确其在安置点城镇化进程中的职责。二是要根据城乡一体化理念,积极寻找安置点基层党建与农村基层党建、城市基层党建之间的共同点和衔接点,进而创造出既能凸显资源共享,又能推动协调发展的优势互补的安置点党建格局。三是要强化领导小组成员的担当意识,要按照"抓好党建是本职、不抓党建是失职、抓不好党建不称职"的标准,依据城镇化对安置点党建工作的要求,在统筹谋划上不断创新工作思路,确保党建工作"决策上重视、能力上适应、精力上保证、政绩上突出"。

（二）安置点基层党组织要树立自立自为意识

安置点是农民离开故土开始新生活的地方,也是他们利益表达和矛盾反映最为集中的地方。"哪里有群众哪里就有党的工作",安置点基层党组织应自觉树立自为意识。一是要结合安置点发展需要,在及时撤销村级党组织的基础上,合并重组各村村、村居、村企的党组织,根据党员人数等把符合条件的党支部升级为党总支,防止安置点党组织设置缺位的现象。二是安置点基层党组织要深刻认识安置点党建的历史地位和重要职责,在安置点建设中积极主动作为,确保安置点的城镇化得到有序推进,推动安置点党建向现代社区党建的跨越。

（三）安置点群团社团自治等组织要增强主体意识

安置点基层党建不是超脱于安置点之外的抽象物,而是与安置点发展有着密切联系的。它们两者就像机器上的齿轮,相互联动、共同促进。从这种意义上讲,安置点群团社团自治组织要增强主体意识。一是安置点基层党组织坚持"围绕社区抓党建,抓好党建促发展"的思路,积极推动安置点各个驻点的群团社团等组织确立主体意识,积极参与安置点党建网格化工作,把发展动力融入到安置点建设中,实现安置点党建和安置点发展的有机统一。二是完善安置点党组织和其他组织关系架构。要围绕结构合理、运行良好的要求,明确党组织与居委会、群团组织、社团组织、自治组织各自的职能范围、运行边界,合理划分党组织与安置点配套组织的权力空间与界限,提升安置点各个组织的主体意识和民主素养,使安置点基层党组织在"各个社会利益群体和政府之间充当一条稳定的'通道'",从而形成安置点多元治理格局。

二、提高党务工作者的综合素质

(一)强化安置点党组织的"火车头"作用

打铁必须自身硬。党组织是安置点党建的力量主体,只有提升安置点党组织的战斗力,才能有效应对安置点党建工作中出现的各种问题。一是要抓住安置点党组织队伍建设这根主线,不断整合安置点人力资源,要根据科学人才观要求,拓宽优秀人才的选任渠道,在安置点党组织领导班子成员选任上大胆引入竞争机制,"变关门点将为比武选将"。二是通过社会招聘、民主选举、组织推荐等形式,为安置点基层党组织选任出一个政治素质高、业务能力强、群众认可的领导班子。三是安置点党组织要充分整合安置点人力资源,建立"专兼"结合的党务工作队伍,在推进安置点党务工作专职化的同时,从附近的企事业单位中聘请一些党建顾问,充实安置点党组织"人才库"。

（二）运用相关机制提高党务工作者综合素质

一是要建立科学的考核、奖惩机制。安置点党组织要建立健全分门别类、内容丰富、系统完善的考核体系，构筑起立体化、全方位的社区监督网络，把"感情留人、事业留人、适当待遇留人"兼顾起来，通过采取目标激励、物质奖励、职位鼓励、荣誉激励和相关惩戒举措，营造浓厚的"人心和、心气顺、干劲足"的良好氛围。二是要实行"柔性管理"方式，要以"务实、实用、高效"为原则，在对安置点党员进行"硬性管理"的同时，通过信息共享、虚拟整合等方式，在管理中以平等和尊重、创造和直觉释放党员的先进性。

（三）通过分类教育管理机制放大党员模范效应

一是要建立党员分类"垂直"管理模式，对在职党员，建立安置点和所在单位党组织负责的"双接纳、双管理、双考评"双向管理制度；对流动党员，按照灵活、务实、有效原则建立动态化信息档案，实行"动态化"管理。二是要针对不同党员群体制定"量体裁衣式"的学习教育计划。对老龄党员实施在家学习与结对学习、参观学习与授课学习等教育方式；对在职党员，根据其工作忙的特点，坚持以学习教育网络平台推送学习内容、考核结果、活动计划等方式组织教育学习；对流动党员，针对流动党员流动性强和职业灵活特点，组织网络学习、自主学习、就地学习、活动学习等灵活多样学习教育；对就业不充分党员，坚持寓学习教育于职业培训、帮扶救助等之中的学习教育。三是要构建完善的教育培训、能力测评等相关机制，坚持"以理论培训为先导，以知识培训为基础，以能力培训为关键"，实现安置点党务工作者教育培训的规范化、长效化。

三、强化安置点党组织政治功能

(一)发挥安置点党组织的领导核心作用

党组织的功能定位是否科学不仅关系到其功能发挥情况,也关系到"党组织是什么？为了什么？应当做什么以及如何做?"等问题的自我认知。若功能定位不准,就可能导致"种了别人的田,荒了自己的地"。发挥安置点党组织的领导核心作用,要根据安置点不同发展阶段的要求,转换党的组织功能。一是要在安置点发展的初始期,强化党组织的社会整合功能与利益协调功能,积极协调不同利益群体的利益关系,凝聚社区各方面力量,形成安置点建设的"统一战线"。二是要在安置点发展的成长期,强化党组织的政治领导功能与价值引导功能,充分利用党组织在组织、人才、理论和政治上的优势,在安置点确定发展思路、发展规划时充分发挥"掌舵手"作用。三是在安置点发展的成熟期,要自觉增强服务功能与渗透功能,自觉深入到安置点中倾听群众心声,做利民好事,扩大党组织覆盖面。

(二)健全安置点党组织的民主决策功能

民主决策是新形势下坚持民主集中制的重要环节,是发展社会主义民主政治的客观需求。各级党组织都要不断完善民主决策的体制、机制,一是要在党组织领导下,明确社区多元主体参与安置点事务的规则,要进一步明确事务决策的主体、内容、范围、形式等,进一步完善参与安置点事务的议事规则、协商程序与表决方式,推动民主决策实现形式正义和实质正义的统一。二是要积极探索安置点各主体参与事务的有效途径,安置点党组织要围绕安置点的民生实际和建设需要,按照符合实际、程序严谨、行之有效的原则,严格坚持居民提议→社区"两委"集体讨论→社区议事会表决→安置点"两委"集体讨论→安置点议事会表决→安置点居委会落实项目经费、议事会负责招标、监事会与议事会成员监督检查→居民代表和专业单位负责验收的程序。三是党组织要积极发展安置点论坛、社区座谈会、书记接待日、恳谈会等"草根民主",拓宽安置点社情民意反映通道和街区政治参与渠道,生产出群众认可度高的"制度产品",从而保障群众的合理诉求和政治参与权利。

(三)强化安置点党组织的社区服务功能

服务意识是建设服务型党组织的逻辑前提,决定着安置点党员干部的服务态度、服务行为、服务方式和服务质量。强化安置点党组织的社区服务功能:一是要增强社区党员干部的服务意识,安置点党组织要立足党建发展趋势和建设规律,通过理论学习、思想教育、培训考核等方式,让党员干部在工作中自觉践行"领导就是服务、指导就是帮助"的服务意识。二是要把服务社区的意识纳入党员考核监督,通过考核监督使服务意识真正内化为安置点党员干部的思想和外化为服务群众的行动,进而形成一支"想服务、能服务、会服务"的基层党组织队伍。三是构建安置点服务新格局。安置点党组织要依据群众最关心的问题,确定服务与关怀的对象、内容和方式,积极向安置点搬迁群众提供高质量的针对性服务,努力成为群众权益的捍卫者、心理健康的引导者、生活困难的帮扶者。

四、完善党建协调推进体制机制

(一)健全安置点党建信息沟通制度

信息平台是加强安置点建设相关部门之间沟通信息,协同落实重大事项的载体。健全安置点党建信息沟通制度:一是建立安置点信息平台。要加强安置点党组织与政府门户网站的对接,把党建服务的内容、流程、条件、要求、办结时限和进展情况进行公开,促进部门间的信息沟通。二是开辟安置点信息专栏。要在门户网站开辟安置点工作信息专栏,定期发布安置点重大事项的推进情况、存在问题和相关政策等信息,实现信息资源共享。三是加强安置点信息交流。对涉及安置点重大事项的不宜公开的信息和问题,安置点建设的相关部门要通过定期通报、文件抄送、走访座谈等形式反馈给相关部门。

（二）建立安置点建设规划统筹制度

推进重大事项,只有通过综合规划和统筹实施,才能推动各部门把工作任务落到实处。建立安置点建设规划统筹制度:一是加强安置点规划的统筹。对涉及面宽的安置点建设重大事项,牵头部门要加强顶层设计,要在与相关部门协商研究基础上,确定这些重大事项推进的目标任务、政策措施等。二是加强安置点规划的衔接。对涉及安置点多个领域的重大事项,要坚持在综合规划的框架下,由各相关部门对其线路图、责任书、时间表等进行细化分解。三是协同安置点规划的实施。各相关部门要根据安置点综合规划制定并协同推进具体实施方案,对规划实施情况要经常进行跟进评估。

（三）建立基层党建工作联审会商制度

集中办公和召开专题会、不定期会是共同协商研究重大事项,督促相关部门抓紧落实的重要方式。建立安置点建设联审会商制度:一是协商研究安置点重大事项。对于安置点建设重大事项,要成立由牵头部门负责、相关部门为成员工作联席会议,确定各部门的具体任务、责任人、联络员,全力推进安置点工作开展。二是集中审理安置点重大项目。对安置点重大事项,要建立前期工作联审联批制度和联审联批信息系统,全面推行网上审批,确保安置点项目审批的进展情况能够实现公开透明、动态掌控、网上督办。三是召开安置点工作会商会议。牵头部门要根据需要召开部门协调联动会议,集中通报安置点重大事项的推进情况,会商存在的突出问题和解决对策,形成会议纪要,并印发给相关部门落实,保证安置点重大事项"有人牵头、有人负责、目标清晰、职责明确、协调顺畅、便捷高效"。

(四)建立基层党建工作协调联动制度

提前介入、现场办公、不定期协调等是加强合作联动的重要途径。做好安置点建设的协调服务工作:一是提前介入安置点服务。各责任单位要根据分工提前介入安置点重大事项,在工程前期对安置点建设事项涉及的产业政策、建设布局、要素保障、节能环保、安全稳定等进行预先评估。二是加强安置点建设上下联动。要对安置点建设事项实行分类、分级协调负责制,根据所需要解决的问题分别向有关部门汇报沟通,争取支持,通过上下联动,形成"一级抓一级、一级带一级、层层抓落实"的协调推进工作机制。

(五)实行基层党建工作跟踪问责制度

建立督办制度是推动各项措施任务落实到位的重要方法。建立基层党建工作跟踪问责制度:一是定期通报安置点的建设情况。牵头部门要加强及时跟踪和通报各部门协调联动事项办理情况。二是落实安置点建设的部门责任。各责任单位要制订并实施落实安置点建设重大事项的具体计划,各部门要根据职责分工提供全程服务,确保安置点建设任务在规定期限内完成。三是要按照"一事一议"的原则,由牵头部门根据实际需要对事关安置点建设大局的事项建立周协调、月督查制度,确保合力、高效、按时完成任务。

五、利用网络技术创新党建保障

(一)打造安置点党建网络化融合治理体系

形成安置点党建合力需要打造"块"与"条"双强的大党建格局。

为此,要做到以下几点:一是要把安置点党组织作为领导中枢,盘活并整合社区、行政和社会三个维度的资源,打造数个新型的治理网络,使这些新网络能够横跨行业、部门和所有制,最终构建一个网格化的党组织。二是要把优秀人才统合到党组织中,要以条块结合为原则建立以安置点党员为主体、以党的积极分子和安置点单位共同参与的安置点党建新模式,推动网格党支部、单位党支部、功能型党支部、资源型党支部等发挥联动作用。三是在安置点按楼栋数量划分并设立楼群党支部,按照便捷可行的原则在每个居民楼组建党小组,把片长、楼主和业主中的党员纳入党小组,实现"把支部建在居民楼"。

(二)以网络技术创新党组织工作方式

科学合理的方式方法是做好党建工作的重要条件,科学运用网络技术可以降低党建成本和提升党建成效。以网络技术创新党组织工作方式:一是安置点基层党组织要着眼于信息化潮流,克服"恐网心理",积极提升网络本领和网络运用素养,打造一支既熟悉党务又掌握网络技术的党建队伍。二是安置点基层党组织要以信息化党建模式为参照,积极发展"智能党建"。要运用电脑、手机拓宽党员教育管理途径、提供在线学习、开辟网上谈话等服务窗口;要依托社区论坛、微博、QQ等在线互动平台和党建网络服务平台,创造打破时空限制的网络民主生活会、网络思想汇报、网络民主决策等形式;要通过党建网站、网上支部、社区论坛、微博、微信、QQ等载体,定期公布党费收支、社区重大事项、重要人事、重要项目及困难救济等信息,揭开党务信息的"神秘面纱",增强党务公开的时效性和透明度。

(三)以制度创新打造安置点党建联合会

安置点党组织应成为安置点建设与发展的"制度孵化器"。根据时代发展内涵和工作实际建立党建联合会:一是要锻造促进安置点党建联合会的四大载体。推进安置点的党员服务中心、流动党员服务站和党员之家进行安置点共建,需要打造能够强化其共建的载体,即要打造由志愿者为安置点建设服务的志愿性载体,辖区党组织和安置点党组织共图安置点党建发展的共谋性载体,安置点党组织和安置点单位党组织共同负责在职党员的管理的共管性载体,辖区党组织和安置点党组织共同推进安置点经济、文化建设的共建性载体。二是建立党建资源整合机制,实施党建"凝心聚力"工程,通过机制推动安置点党组织定期向安置点党组织下派党建指导员,通过党建指导员促进社区党建人才培养,对安置点的党组织生活予以规范。三是建立安置点基层党建发展基金,要依托党建联盟对安置点内的资源进行整合,打造党建资源供应链,使党建资源和需求形成无缝对接。比如,在党建联盟综合体内,依托"两代表、一委员"工作室,接待居民来访,形成问题清单,交由各联盟成员进行办理,问题办结后再向社区居民进行反馈。

结论与展望

完善易地扶贫搬迁后续扶持政策,是巩固贵州易地扶贫搬迁成果的迫切要求,更是实现共同富裕的重要课题。基于既有文献和前期调查,本书以贵州易地扶贫搬迁后续扶持政策的政策分析为主线、以政策执行为重点、以政策效益提升为主要关注点,综合运用政策分析法、比较分析法、问卷调查法等研究方法,较为全面地剖析了贵州易地扶贫搬迁后续扶持政策的出台背景、实施机制、实施进展、执行偏差以及改进对策等重要问题。

在研究中,课题组尝试摆脱以往搬迁后续扶持政策研究中的政府视角和单一视角的窠臼,结合了搬迁对象的视角、公共部门和基层治理的视角,对贵州易地扶贫搬迁后续扶持政策的实施过程及其效果进行了多层面、多视角、多维度的描述、分析。通过研究,课题组建立了贵州易地扶贫搬迁后续扶持政策的执行情况指标体系,比较准确地评估了贵州易地扶贫搬迁后续扶持政策的实际执行情况。通过比较全面地描述贵州易地扶贫搬迁后续扶持政策的进展,并运用可持续生计分析框架理论,对贵州易地扶贫搬迁后续扶持政策的政策效果实现了比较全面的评估研究。基于贵州易地扶贫搬迁后续扶持政策的政策满意度分析,对影响贵州易地扶贫搬迁后续扶持政策满意度的因素进行了初步的描述性分析,阐明了贵州易地扶贫搬迁后续扶持政策的政策需求及优化方向。

一、主要结论

（一）后续扶持政策是巩固贵州易地扶贫搬迁成果的根本之策

"带领人民创造幸福生活,是我们党始终不渝的奋斗目标"。[①] 让人民摆脱贫困,过上幸福生活,我国先后实施了救济式扶贫、开放式扶贫、综合性扶贫等多种扶贫方式。这些扶贫方式通过帮助贫困村修路、建水窖、改电、翻修村委会,尽管让相当一部分贫困群众摆脱了贫困,然而,对于因资源环境承载能力较弱、贫困人口居住极其分散导致的贫困群体,却一直难以真正取得实效。前期的扶贫实践说明,只有通过"挪穷窝、改穷业、断穷根",才能从根本上彻底斩断这部分贫困人口的致贫返贫链条,确保真正"摆脱贫困"。也就是说,在灾害频发的贫困山区,与其在灾后加大扶贫力度或投资额度进行就地重建,不如主动地在灾害胁迫面前"妥协和让步",也就是要实行"搬迁式移民安置"。

（二）重塑基层行政生态是提高后续扶持政策执行力的核心

提升易地扶贫搬迁后续扶持政策执行成效,需要科学的制度安排及准确全面深入的贯彻执行态度。政策执行偏差对解决政策问题和经济社会发展都会产生消极影响。"人们创造制度是因为制度有用,而制度作用的发挥就是制度的实施或执行。一个制度规则建立以后,如果不予实施,等于没有制度;一个制度规则建立以后,如果不能实施,也

---

① 《习近平在庆祝中国共产党成立 100 周年大会上的讲话》,《人民日报》2021 年 4 月 16 日。

许是一种比没有制度更为严重的秩序危机。"①世界银行移民政策研究专家迈克尔·M.塞尼也指出:"在开明的政策引导下,一定可以比现状更有效地保护公民权利、人的尊严以及作为非自愿移民而享有的经济权利。"②易地扶贫搬迁后续扶持政策的实施在基层出现扭曲现象,既可能是各个政策执行主体进行了变通执行,也可能是政策执行缺乏可靠的社会基础。

实施易地扶贫搬迁后续扶持政策,最为重要的是如何科学分配"移民搬迁资源",特别是防止资源"下乡"时被"乡村精英"俘获。当前,后续扶持工作已经作出了顶层设计,现在的关键是打通后续扶持政策执行的"最后一公里"——防止"精英"俘获。在很多安置点,已出现了各类群体组成的复杂而庞大的利益结构,他们一方面扮演"政府代言人"和安置点搬迁群众进行讨价还价,以获取权力和利益;另一方面又代表安置点搬迁群众与政府组织协商,以获取更多安置资源。这种"双向代言人"不仅影响各安置点后续扶持政策的执行力,而且也导致后续扶持政策的执行状况严重依赖基层干部队伍的社会责任感。法国思想家孟德斯鸠指出:"要防止权力被滥用,就必须加强监督,而最好的监督方式,则是以权力来制约权力。"③因此,要让后续扶持政策执行规范化,需要改善基层行政生态环境,及时、有效地重塑基层行政生态环境,规范基层"精英"的行为逻辑。否则,后续扶持政策就不能取得成效,不能增加安置点搬迁群众获得感。

---

① 张曙光:《政策主体行为——传统社会主义经济学反思》,中国财政经济出版社 1999 年版,第 138 页。

② Michael M.Cernea:《风险、保障和重建:一种移民安置模型》,《河海大学学报(哲学社会科学版)》2002 年第 2 期。

③ [法]孟德斯鸠:《论法的精神》(上),商务印书馆 1988 年版,第 84 页。

（三）转向预防式治理是安置点后续扶持的发展方向

选择何种治理之道，事关安置点的治理成效。被动型治理是在相关事务或事件发生后，由治理主体所采取的"事后补救"，缺乏治理主动性和前瞻性。预防式治理则是治理主体未雨绸缪，在相关事务或事件尚未发生时而采取处理的治理，能够取得事半功倍的成效。易地扶贫搬迁对扶贫的启示是防范贫困胜于扶贫。本书研究表明：易地扶贫搬迁后续扶持是非结构性扶持的重要方式，结构式扶贫往往只能治标而无法治本，不能最终减少贫困。面对未来的发展和风险社会，政府在推动易地扶贫搬迁安置点扶贫工作时要跳出以往的应急扶贫逻辑，采取具有预见性的扶贫策略。也就是说，易地扶贫搬迁后续扶持政策应该采取的不是被动型的扶贫举措，而是主动型、预防式的后续扶持路径。它在具体执行中虽然还存在一定问题，但是已体现了前瞻性、主动性的特点，代表了后续扶持政策的未来发展方向。

（四）继续扶持安置点产业是后续扶持政策的重要内容

安置点城镇化关系到"乡土中国"迈向"城镇中国"的水平。易地扶贫搬迁是中国政府推动的一项规模大、持续长的伟大工程。易地扶贫搬迁后续扶持政策涉及生态、经济、社会、公共服务保障、文化等诸多层面，其政策目的不是"简单复制农村"，而是以集中安置实现安置点城镇化和安置群众摆脱贫困。因此，"以产定搬、以搬促城、产城融合"是易地扶贫搬迁必须坚持的搬迁原则。然而，随着易地扶贫搬迁"搬得出"任务的完成，原来给予安置点配套产业的优惠政策也在逐步到期，这使得这些产业开始离开安置点，进而导致安置点搬迁群众因失去扶贫产业和扶贫车间的岗位而重新陷入贫困。可见，安置点配套产业和扶贫车间的市场经营状态，已经成为安置点搬迁群众最终能否脱贫的有力支撑。

继续扶持安置点产业和安置点社区化治理、信息化管理,都是巩固易地扶贫搬迁成果的重要举措,有利于当地安置点实现稳健可持续的城镇化。本书研究显示:继续扶持安置点产业是快速提升安置点城镇化水平的重要路径,也是推动就地(就近)就业的有力举措。在后续扶持中推进安置点产业发展,既能保持农村社会稳定,也显著提升了城乡发展活力,更能减少安置点搬迁群众再次贫困的风险。当前,因为我国复杂的国情,地区经济发展不平衡,继续扶持安置点产业也不可能采取一种方式,应鼓励地方大胆探索或尝试多元化模式。比如,采取"政府主导、农户自愿、市场参与、梯次推进"的引导方式,扶持安置点产业;盘活"三块地"资源,保持安置点搬迁群众原有权益"四不变"①,通过权属不改变,确保安置点搬迁群众的权益不受损。总之,只有统筹和整合群众所在迁出地和安置地的各种资源,保证安置点农业产业项目继续发展,才能确保安置点搬迁群众实现生活有改善、收入有增加,后续扶持政策才能取得实效。

二、研究展望

易地扶贫搬迁后续扶持政策,既是破解易地扶贫搬迁成果巩固难题的重要途径,也是实现安置点城镇化、信息化和公共服务均等化,最终实现全体人民共同富裕的积极探索。贵州通过后续扶持工作,使得安置点搬迁群众的社会整体福祉实现了大跨越,也为全国其他地区巩固易地扶贫搬迁成果,推进乡村振兴,进而实现共同富裕创造可借鉴、可复制、可推广的经验。

就后续扶持政策执行的来讲,本书已有不少论述,然而对于安置点

---

① 即农村集体经济成员身份不变、集体收益分配权不变、土地承包经营权不变、依附在原土地上的惠农政策不变。

城镇化和安置点风险治理的研究来讲,它依然还仅仅是一个开头。因为易地扶贫搬迁后续扶持研究涉及安置点的基本公共服务、文化服务、就业培训、社区治理、基层党建等许多领域,其中关系盘根错节、极其复杂,本书在这些方面的研究还很不足。例如,在研究中,对此的规范研究与实证分析的相结合有待加强。今后,笔者将在后续研究中总结经验,为共同富裕研究探索更广阔空间。基于粗浅的前期研究,课题组认为如下若干研究主题对深化共同富裕研究具有一定价值,是今后继续思考研究的方向。

（一）安置点中政府治理与社会参与的互动关系研究

目前,安置点主要依靠政府驱动力推进易地扶贫搬迁后续扶持工作,而没有有效激发社会力量参与,安置点社区治理推进机制有待健全。实际上,在自上而下的行政强力推动下,后续扶持工作在一些地方基层政府那里往往带有强烈的功利性,在一些基层干部看来是一个"政绩工程"。在易地扶贫搬迁后续扶持中,一个重要问题是处理好政府主导与社会参与关系,特别是充分利用社会主体作用,在当前看来,要解决这个重要问题:要引入社会主体,需要研究如何积极探索社会化运作机制,撬动社会资金参与安置点建设;要吸纳社会资本参与安置点后续扶持,需要研究如何发挥民间组织、非政府组织等组织的积极作用;要进一步研究后续扶持中,政府治理与社会参与的协同机制、互动关系,包括媒体机构、乡贤能人、企业资本、安置群众等各类主体。总之,在今后的后续扶持政策研究,要研究如何强化安置群众内在动力、政府驱动力、市场拉动力和社会示范动力四者之间的联动,形成强大的合力,推动后续扶持政策不断提升成效。

（二）安置点后续扶持中的社会风险与规避研究

安置点作为复杂的大规模搬迁活动对地方政府、安置群体、生态环境、社会治理等必然会产生深远影响。可是,因为易地扶贫搬迁安置点建设时间并不长,问题暴露还需要时间,安置点搬迁群众在集中居住后可能导致哪些社会风险还需要探讨。本书对此的探讨还停留在描述和解释阶段,相关文献对此虽然提出一些宏观建议,但存在针对性和实证性的不足。在当今易地扶贫搬迁背景之下,很多地方政府在短时间内出台了许多后续扶持政策实施方案,将其作为推动地方经济发展、争取各方资源的新路径,但是缺乏一揽子设计和良好的制度保障,很有可能带来新的社会风险。例如,在后续扶持上,一些地方存在"扶富不扶穷"现象,在安置点导致新的社会不公问题,这种现象究竟又会产生何种风险、风险程度如何则是有待进一步研究和测量的。此外,安置点社会结构的变化、安置家庭的变化及安置群众心理的变化会对当地社会带来哪些潜在的风险,如何科学规避也是需要研究的。总之,在后面研究中应侧重对后续扶持中的社会风险进行足够的中微观研究,不仅要通过建立数学模型分析后续扶持风险与其他因素之间的关系,还要针对不同安置点实际制定更具针对性和前瞻性的对策。

(三)易地扶贫搬迁后的人口布局及社区治理研究

易地扶贫搬迁后,安置点资源环境的承载压力必然增加,为此需要分析安置点人地耦合度,以便进一步完善后续扶持政策。对于安置点的土地承载力,本书虽然做了一些研究,但是还有不足,今后的研究要从整体上分析安置点的承载力,这样才能确定一个衡量承载情况的科学标准,确保今后的最佳承载水平。大规模易地扶贫搬迁尽管顺应了城镇化发展趋势,但是要掌握未来人口如何流动和如何分布则需要更加科学精细的研究。要进一步完善后续扶持政策,要推动易地扶贫搬迁工作高质量完成,需要有时间维度,特别是用长时段的视野考虑安置点的公共服务水平、产业发展等的走势,只有这样才能使得后续扶持政策朝着更加科学的方向前进,从而避免在后续扶持中出现投资浪费。

(四)后续扶持背景下安置点法律法规建设研究

易地扶贫搬迁后续扶持中之所以出现政策执行损害安置对象权益的现象,很大程度上是相关制度建设滞后、政策执行出现偏差所造成的。制度建设在后续扶持中具有重要作用。后续扶持涉及国家、相关企业、地方政府、移民群体等多方面复杂的利益关系。"制度和文化的持续性曾经产生了体现为气势澎湃和坚守既定方针的惯性,而并非不动的惰性。"①完善后续扶持相关法律法规,不仅有助于防止和减少基层政府片面追求"速度、规模",还有助于保障安置点搬迁群众享有同等利益。要通过制度建设,推进后续扶持决策的科学性、实效性,需要从法治和科学管理的角度讨论后续扶持政策的改进。例如,制定《易地扶贫搬迁后续扶持工作决算审计管理办法》的研究,使得后续扶持工作的审计监督制度、复核制度、质量控制办法等更加科学、规范和合法;也要加强对后续扶持政策的宏观、中观层面的法规建设,例如,加快制定《易地扶贫搬迁后续扶持条例》,使后续扶持沿着法治轨道前行。另外,从体制机制上看,大规模移民会引起复杂的社会重构,会导致社区原有体制机制的改变。因此,如何因地制宜、与时俱进创新安置点治理体制,也是实现安置点与其他社区共同富裕需要研究的问题。

总之,在研究易地扶贫搬迁后续扶持政策的过程中,笔者深刻认识到,研究问题要超越就问题谈问题的局限,深度挖掘易地扶贫搬迁后续扶持政策实施问题背后的逻辑,以理论资源指引着研究方向,持续思考

---

① [美]费正清:《美国与中国》,张理京译,世界知识出版社1999年版,第75页。

理论问题与实践问题之间的差距。对易地扶贫搬迁后续扶持政策,本书只是进行了一个初步探索,比如安置点特别是大型安置点的升级拖嵌、文化断层、社会稳定等风险问题,在未来还要用更广阔的视野进行交叉学科的研究。

附录一:贵州易地扶贫搬迁后续扶持政策执行情况调查问卷

尊敬的先生/女士:您好！这是一份研究问卷,主要调查关于您对所在安置点易地扶贫搬迁后续扶持政策的实施情况,调查结果只用于本人的课题研究。不涉及您的个人隐私,请在您根据您自身的真实感受在每个问题后的选项处打"√"即可。

（本次调研的问题均只选择一个答案）

非常感谢您的配合！

甄别问题:您目前是在本安置点工作吗？ □是　　□否(结束调查)

一、基本信息

调查内容	选项				
性别	□男	□女			
民族	□汉族	□少数民族			
政治面貌	□中共党员	□群众			
宗教信仰	□无	□有			
年龄	□30 岁及以下	□31—40 岁	□41—50 岁	□51—60 岁	□61 岁及以上
文化程度	□小学及以下	□初中	□高中	□大专及以上	

二、请根据您自身实际情况,对于安置点下面的相关问题进行评价,请在符合您真实情况和想法的选项处打"√"即可。

问卷调查结束,感谢您的配合!

一级指标	二级指标	三级指标	是	否
基本服务政策实施情况				
1. 基本公共教育	1. 教育配套设施完善	(1)能根据安置点搬迁群众子女的就学需求布局教育资源		
		(2)按照就近入学原则做好转学衔接工作,让搬迁群众子女及时入学		
		(3)与安置点同步配套建设了教育项目		
	2. 师资力量配备满足要求	(1)县(市、区)以引进、招考等方式统筹调配安置点教师		
		(2)按照"编随事走"的原则,保障安置地师资编制		
	3. 就学服务工作完善	(1)严格履行控辍保学责任,不让一个学生辍学		
		(2)搬迁群众子女较为集中的学校,可对有需要的学生进行免费托管		
		(3)对承担托管的教师可给予适当补助		
2. 基本医疗卫生	4. 卫生服务机构建设合理	(1)根据服务半径、地理条件等因素,配套建设医疗机构		
		(2)按相关标准配置医疗设备		
	5. 医务人员配备合理	结合行业标准和社区实际,合理安排配备医务人员		
	6. 医疗卫生服务质优、便捷	(1)定期组织县级医疗服务机构骨干到安置点医疗机构开展业务指导		
		(2)对罹患大病的贫困人口建立台账,实行动态管理和监测		
		(3)搬迁贫困人口在安置地县域内定点医院住院实行先诊疗后付费		
		(4)实施生育登记跟踪服务,简化办证服务流程		

一级指标	二级指标	三级指标	是	否
3. 基本社会保障	7. 社会保障及时衔接	（1）做好各类社会保障政策的转移接续，确保所有搬迁群众应保尽保		
		（2）只要符合政策条件的，都可按安置地标准纳入城市低保		
		（3）搬迁群众脱贫后收入水平仍低于低保标准的，继续享受低保政策		
	8. 困难群众救助体系已建立	（1）对遭遇突发事件的搬迁困难家庭，由迁入地民政部门给予临时救助		
		（2）确保搬迁特困人员享受到全方位托底救助供养服务		
4. 户籍管理	9. 有序引导户籍转移	（1）在保持搬迁群众惠农政策权益前提下，引导搬迁群众落户安置地		
		（2）暂未迁移户籍的安置群众，享有安置地同等基本公共服务		
	10. 提供管理服务及时高效	（1）搬迁群众可就近选择迁出地或安置地公安派出所申办户籍业务		
		（2）实现搬迁群众办理户籍业务"只跑一次"		
5. 社区综合服务	11. 社区综合服务设施健全	（1）社区服务中心（站），设置社区办公阵地和服务场所		
		（2）社区服务中心（站）开设了户籍、就业、就学、就医、社保等公共服务窗口，提供"一站式"服务		
		（3）社区建设的新时代文明实践中心有图书室、广播室等宣传教育载体		
		（4）建设了满足社区居民文体休闲娱乐需求的文体活动中心		
		（5）建设了为空巢老人、留守老人、高龄老人等服务的老年服务中心		
		（6）建设儿童活动中心为儿童提供集中活动场所		
		（7）建成综治中心、调解室、警务室、微型消防站和防灾避难场所等		
		（8）社区殡葬服务设施满足搬迁群众的基本殡葬服务需求		
	12. 社区服务体系信息化	（1）统筹县直、乡（镇、街道）及社区（村）有关人员进驻提供公共服务		
		（2）加强安置点基本公共服务信息化建设，实现数据共享		

一级指标	二级指标	三级指标	是	否
6. 便民利民服务	13. 生活服务	(1)发展居民购物、餐饮、维修、美容美发、资源回收等生活服务		
		(2)合理配置搬迁群众办理"红白喜事"场所,方便婚丧嫁娶		
		(3)通过优化调整或新增公交线路的方式,方便搬迁群众出行		
	14. 物业服务	(1)具备公共区域卫生保洁、绿化养护及公共设施维修等物业服务		
		(2)搬迁群众按照规定缴纳物业管理费用		
	15. 社会工作和志愿互助服务	(1)设立了提供精神慰藉、关系调适、社会融入等服务社会工作站(室)		
		(2)设立了提供家政、文体保健、交通宣教等服务的志愿服务站点		
		(3)引导鼓励搬迁群众开展各种形式的互助活动和志愿服务		
群众培训和就业服务政策实施情况				
1. 夯实工作基础	1. 完善劳动力就业创业信息台账	(1)建好搬迁劳动力就业创业信息台账,实施动态管理		
		(2)建立搬迁家庭"一户一册""一人一档"就业培训档案,做好全程跟踪服务		
		(3)及时办理失业登记,开展"一对一"就业帮扶		
	2. 完善岗位信息数据库	(1)以县为单位建立包含用人单位岗位要求、工作地点、福利待遇等信息的岗位信息数据库		
		(2)能根据企业的岗位变动及时更新岗位信息数据库		
	3. 建立就业创业服务中心	(1)挂牌成立有人员、办公场地及经费等保障的就业创业服务中心		
		(2)搬迁群众就业创业服务实现标准化、规范化、系统化		
		(3)确保了有劳动力家庭"一户一人"以上稳定就业		
		(4)实现有劳动力"零就业"家庭动态清零		

续表

一级指标	二级指标	三级指标	是	否
2. 拓宽稳定就业增收渠道	4. 促进就地就近就业	（1）当地工业园区、产业园区等能够优先安置搬迁劳动力就业		
		（2）鼓励当地企业、农民专业合作社等吸纳搬迁劳动力就业		
		（3）引导搬迁劳动力居家从事手工艺制作、农产品加工、来料加工等		
		（4）对吸纳搬迁劳动力就业的企业，根据标准落实社会保险补贴		
	5. 提高劳务组织化程度	（1）与对口帮扶城市或经济发达地区开展劳务输出协作		
		（2）加强和规范了省外劳务协作站（点）的建设		
		（3）在全省建设劳务公司和劳务合作社，促进输出就业		
		（4）对那些为搬迁劳动力提供就业服务的市场主体，按规定给予补贴		
		（5）对搬迁劳动力通过有组织输出到县以外省内就业的，给予一次性求职创业补贴		
	6. 鼓励创业带动就业	（1）建立黔籍创业成功人士信息库，引导成功人士返乡创业		
		（2）推进农民工创业园（点）建设，支持搬迁劳动力入园创业就业		
		（3）培育一批创业项目，按规定落实小微企业扶持政策		
		（4）对有创业意愿和创业条件的搬迁劳动力，给予创业培训和税费减免		
	7. 加强安置点产业配置	（1）引进创建适合搬迁群众就业的劳动密集型企业和扶贫车间		
		（2）采取"搬迁群众+合作社+龙头企业"等模式拓宽增收渠道		
	8. 托底解决困难人群就业	（1）新增或腾退公益性岗位，优先落实困难人群就业		
		（2）对符合条件的居家就业且收入较低的搬迁劳动力，给予就业补贴		

续表

一级指标	二级指标	三级指标	是	否
3. 扎实推进全员培训	9. 做好组织发动	(1)对未稳定就业和未接受培训的搬迁劳动力,进行逐户摸底排查		
		(2)在迁出地和安置地增设宣传标语,引导搬迁劳动力主动学技能		
		(3)通过广播、电视、宣传手册等多种方式,大力宣传培训脱贫典型		
	10. 创新培训方式	(1)组织搬迁劳动力通过"农民全员培训电视点播频道"接受培训		
		(2)组织培训机构、专家、技术人员对搬迁劳动力开展多种形式的培训		
		(3)对不愿外出就业和因照顾老人、小孩等原因无法就业的,就近开展手工艺加工等培训		
		(4)依托企业、农民专业合作社和扶贫车间等生产主体开展以工代训		
		(5)引导搬迁家庭中未继续升学的初、高中毕业生到职业学校和技工院校学习技能		
	11. 完善培训内容	(1)分类设置课程和培训标准,分产业、分层次、分岗位、分时段培训		
		(2)围绕制造业、建筑业、服务业、旅游业、电子商务等行业的用工需求开展常态化培训		
		(3)对搬迁劳动力开展劳动维权、职业道德、安全生产等培训		
		(4)对搬迁群众开展感恩教育和市民意识培训		
	12. 落实技能培训补贴	(1)对吸纳搬迁劳动力就业并开展以工代训的生产经营主体,根据条件给予一定训练补贴		
		(2)对开展搬迁劳动力脱产培训的培训机构或用工企业,根据培训天数和就业情况,落实训练补贴		
		(3)对建档立卡贫困户所需培训补贴由扶贫资金列支,非建档立卡贫困户的培训补贴从就业补助资金中列支		

一级指标	二级指标	三级指标	是	否
		文化服务政策实施情况		
1. 文化设施建设	1. 社区文化实施建设	（1）在易地扶贫搬迁安置点规划和建设了配套公共文化服务设施		
		（2）社区文化中心建设与城市发展同步规划、同步安排		
	2. 建立综合性文化活动中心	（1）在安置点建设了集农家书屋、道德讲堂等功能于一体的综合性文化活动中心		
		（2）文化活动中心设置了图书室、文体活动室、乡愁馆、志愿者服务工作站、广播室等		
	3. 发挥社区文化设施的功能	（1）建设了文化体育活动广场,配套相应设施		
		（2）社区文化设施能够广泛运用于公共文化体育活动		
		（3）保障了搬迁群众接受文化素质培训和参加文体活动的基本权益		
2. 开展感恩教育	4. 搬迁群众思想政治工作	（1）通过教育引导、实践养成和制度保障等推动搬迁群众感党恩、跟党走		
		（2）用道德讲堂、移民夜校等设施宣传党的方针政策		
		（3）合理引导社会预期,自觉把个人和小家的幸福与国家的发展联系起来		
	5 讲好搬迁故事	（1）大力宣传勤劳致富典型事迹和人物		
		（2）用新旧住房对比照片讲好搬迁故事		
		（3）用乡愁馆展陈引导群众感恩党的好政策		
3. 创建文明社区	6. 大力推进移风易俗	引导搬迁群众破除红白喜事大操大办、封建迷信、酗酒赌博等陈规陋习		
	7. 开展社区普法教育	引导居民依法维护社区秩序和安定团结,增强群众法治观念		
	8. 建立评先选优常态化机制	常态化推进社区"文明家庭""勤劳致富模范户""身边好人"等评选宣传活动		

续表

一级指标	二级指标	三级指标	是	否
4. 丰富文化活动内容	9. 开展内容丰富的文化体育活动	(1)以优秀传统文化和特色文化为切入点开展文化体育活动		
		(2)组建演出团体、民间文艺社团、健身团队等		
		(3)结合中华传统节日、重要节假日、少数民族特色节日等节庆,开展文体活动		
		(4)推动广场舞等群众文体活动向健康、规范、有序方向发展		
	10. 抓好社区文化队伍建设	(1)指导和帮助安置点社区发展至少一支社区文化志愿服务队伍		
		(2)为社区文化能人、文艺爱好者、非物质文化遗产传承人的传承活动创造良好条件		
	11. 文艺创作生产	鼓励文艺工作者创作反映搬迁群众生产生活的优秀作品		
5. 民族文化传承	12. 增强民族文化记忆	(1)在安置点建设中充分融入了标志性民族符号		
		(2)打造了展示搬迁群众使用的生产生活用具等的乡愁馆		
	13. 培养民族文化艺人和产业	(1)挖掘了搬迁群众中的民族文化艺人和民族民间工艺		
		(2)实施了少数民族传统手工艺领军人才培训计划和少数民族传统手工艺企业扶持计划		
		(3)发展起了一批民族传统手工艺产业		
6. 服务保障措施	14. 加强组织领导	(1)县(市、区)建立"党委政府统一领导、文化行政部门主抓、社区配合、居民参与"的工作机制		
		(2)各社区至少有1名工作人员具体负责社区文化工作		
	15. 加大资金投入	(1)安置点社区文化建设纳入公共财政保障范围		
		(2)采取措施鼓励社会资金支持社区文化建设		
	16. 加强资源共享	(1)社区内宣传、教育、卫生、体育等场地设施实现了资源共享、高效利用		
		(2)社区内的文化设施满足搬迁群众的文体活动需求		

一级指标	二级指标	三级指标	是	否
		社区治理政策实施情况		
1. 合理设置基本管理单元	1. 根据人口设立管理服务机构	按照安置人口规范设立管理服务机构,合理配置人员编制		
2. 发挥基层党组织领导核心作用	2. 健全党的组织体系	在安置点设立了党(工)委、党支部或党小组		
	3. 配强党的干部队伍	(1)党(工)委书记由县(市、区)党委常委或政府负责人兼任		
		(2)社区党支部书记由正式干部担任或从社区居民中选举产生		
		(3)优秀搬迁党员通过民主选举担任了社区或居委会成员		
	4. 完善党的工作机制	(1)推进了党支部建设制度化、科学化、规范化		
		(2)加大了搬迁群众入党积极分子的培养教育力度		
3. 发挥基层政府主导作用	5. 办事处的职能定位	(1)安置点的街道办事处能完成县(市、区)政府部署的各项任务		
		(2)安置点办事处能够有效协调监督县(市、区)政府职能部门派出机构工作		
		(3)办事处能够有效维护安置点社会稳定		
		(4)办事处能够经常统筹推进社区建设		
		(5)县(市、区)政府依法厘清了街道办事处和自治组织的权责边界		
	6. 办事处的机构设置	(1)办事处合理设置了就业培训、产业发展、社会事务、治安管理等职能机构		
		(2)街道办事处对安置点行政执法事项实现了有效的领导、协调和监督		
	7. 办事处的服务能力	(1)安置点街道办事处建立了面向群众的"一站式"综合性服务和管理平台		
		(2)安置点落实了首问负责、一窗受理、全程代办、服务承诺等制度		
		(3)办事处能够做好安置群众的劳动就业、社会保障、卫生计生、教育事业等公共服务		

一级指标	二级指标	三级指标	是	否
4. 发挥基层群众性自治组织基础作用	8. 社区居民自治机制的健全	(1)及时启动安置点社区居民委员会的选举工作		
		(2)社区居民委员会选举时优先提名搬迁群众中的优秀人才		
		(3)能把年轻党员、致富带头人、离任村干部、退役军人选配为居民小组和楼栋负责人		
	9. 社区的民主协商	(1)健全了安置点居民代表会议和居民协商议事会议制度		
		(2)能够广泛动员搬迁群众参与社区协商实践		
		(3)安置点民主协商由社区党组织牵头,社区居民委员会组织		
		(4)能够引导搬迁群众通过协商表达利益诉求,增进共识感		
	10. 社区的民主决策	(1)能够依托居民会议、居民代表会议等,引导搬迁群众参与自治事务		
		(2)能够运用居民自治章程、居民公约引导搬迁群众依法依规参与公共事务的管理		
	11. 社区的居务公开	(1)完善了居务公开目录和公开制度		
		(2)能够及时公开社区的办事流程、工作进度、执行效果、经费收支等情况		
		(3)能及时公开搬迁群众享受的优待政策实施情况		
		(4)能及时公开社区的物管费、水电费、网络电视费、燃气费的定价和收缴情况		
		(5)对涉及搬迁群众的财政资助或第三方资助项目能够全程公开		
	12. 社区的民主监督	(1)建立健全了居(村)务监督委员会		
		(2)对安置点干部和政府部门的服务质量,能组织搬迁群众进行民主评议		

一级指标	二级指标	三级指标	是	否
5. 发挥社会力量协同作用	13. 社区的群团工作	（1）能发挥工、青、妇等群团组织在搬迁群众利益表达、协商方面的平台作用		
		（2）安置点建立了群团组织，能为搬迁群众提供针对性服务		
	14. 社区社会组织的发展	（1）社区发展了养老、慈善、防灾、调解等社区社会组织		
		（2）能够引导安置点以外的社会组织和志愿者为搬迁群众服务		
	15. 社会工作专业力量的作用	（1）实施了社会工作专业人才支持计划、"牵手计划"和"社工黔行"系列项目		
		（2）规范、引导志愿服务组织和志愿者积极参与相关服务工作		
基层党建政策实施情况				
1. 健全安置点组织体系	1. 健全安置点领导机构	（1）县委成立易地扶贫搬迁安置点基层治理领导小组		
		（2）安置点基层治理领导小组下设办事服务机构		
	2. 建立安置点基层党组织	（1）对安置点的党员信息进行了全面采集		
		（2）根据党员数量、分布等情况，合理设置党总支、党支部		
		（3）对搬迁党员的组织关系及时行转接并纳入统一管理		
	3. 加强安置点各类组织建设	（1）按照"六个同步"要求，建立了党组织和政权组织、经济组织、自治组织、群团组织、社会组织		
		（2）教育引导各种组织自觉服从党的领导，依法依规行使职权		

一级指标	二级指标	三级指标	是	否
2. 建强安置点干部队伍	4. 配强安置点领导班子	(1)安置点党组织负责人是政治素质过硬、熟悉扶贫政策的党员干部		
		(2)同步抓好安置点其他班子成员选配工作		
	5. 配齐安置点工作力量	(1)安置点工作人员编制,由市级或县级党委统筹合理划定		
		(2)以选派、聘用、招考等方式选拔优秀人才,充实安置点干部队伍		
		(3)社区党组织负责人通过法定程序兼任社区"两委"或其他组织负责人		
		(4)注重把离任村干部、年轻党员群众、致富带头人等选配为居民小组和楼栋负责人		
	6. 加强党员发展教育管理	(1)把政治标准放在首位,拓宽党员发展渠道		
		(2)安置点党组织每年至少对党员集中培训1次		
		(3)严格执行"三会一课"、民主评议党员等组织生活制度		
		(4)及时排查党员组织关系,排查登记和信息台账健全完备、更新及时		
	7. 提升干部队伍能力素质	(1)用"新时代学习大讲堂""新时代文明实践中心"等平台载体开展实战化培训		
		(2)以实训教学、送学上门等形式,推动党员干部学习党的基本知识及扶贫政策等		

一级指标	二级指标	三级指标	是	否
3. 强化安置点党组织政治功能	8. 发挥党组织领导核心作用	（1）加强了对安置点各类群团组织、社团组织的统一领导		
		（2）能够及时讨论决定安置点重大事项、重要问题		
		（3）能按照干部管理权限,对安置点干部进行教育培训和考核监督		
	9. 完善党建引领基层治理机制	（1）建立健全了党对居民代表会议、群众会等民主决策实践的领导机制		
		（2）通过群众谈心室、说事室调动社区各类组织和群众参与社区治理		
	10. 开展"牢记嘱托、感恩奋进"主题教育	（1）在安置点深入开展了"牢记嘱托、感恩奋进"主题教育		
		（2）在安置点大力宣传了社会主义核心价值观和新时代贵州精神		
		（3）在安置点围绕改掉陈规滥习,开展了传统美德、社会公德、家庭美德的宣传		
4. 健全安置点党建工作机制	11. 建立完善沟通协调机制	（1）搬出地乡镇(街道)党(工)委与安置点党组织建立了常态化沟通机制		
		（2）安置点党组织与迁出地党组织能以派驻干部、定期召开协调会等方式配合抓好搬迁群众工作		
	12. 建立完善工作力量下沉机制	（1）投放基层的公共服务资源能以安置点党组织为主渠道落实		
		（2）为密切党群干群关系,开展了支部亮旗帜、党员亮身份等活动		
	13. 建立完善网格化管理机制	（1）构建覆盖每一名搬迁群众的"居委—网格—楼栋"纵向网格化管理层级		
		（2）基层党组织班子成员、党小组长和党员等骨干都担任了网格员		

续表

一级指标	二级指标	三级指标	是	否
5. 落实基层党建保障措施	14. 强化主体责任	(1)上级党委(党组)能把安置点的党建工作纳入总体规划,同谋划、同推进		
		(2)上级党委能定期听取安置点党建汇报,研究安置点党建问题		
		(3)纪委、移民、扶贫、人社、财政等部门能合力支持安置点党建		
	15. 强化工作保障	(1)安置点党建的基本运转经费和专项经费不低于搬入地城市社区保障标准		
		(2)安置点场所满足党务政务服务、党组织活动、居民议事等需求		
	16. 强化考核评价	(1)能表彰奖励、提拔任用工作实绩突出、群众公认的干部		
		(1)上级对基层党建工作中的特色做法和经验,能及时总结和推广		
		(2)对安置点党建中的典型经验和先进人物能进行广泛宣传		
	17. 强化示范引领	(1)县委成立易地扶贫搬迁安置点基层治理领导小组		
		(2)安置点基层治理领导小组下设办事服务机构		

附录二:贵州易地扶贫搬迁后续扶持政策满意度调查问卷

尊敬的先生/女士:您好!这是一份研究问卷,主要调查关于您对所在安置点易地扶贫搬迁后续扶持政策的满意度情况,调查结果只用于本人的课题研究。不涉及您的个人隐私,请在您根据您自身的真实感受在每个问题后的选项处打"√"即可。

(本次调研的问题均只选择一个答案。)

非常感谢您的配合!

甄别问题:您目前是在本安置点居住吗? □是　□否(结束调查)

一、基本信息

调查内容	选项			
性别	□男	□女		
民族	□汉族	□少数民族		
政治面貌	□中共党员	□群众		
宗教信仰	□无	□有		
年龄	□30岁及以下	□31—40岁	□41—50岁	□51—60岁
目前的工作	□公益岗位务工	□社会岗位务工	□务农	□自主创业
文化程度	□小学及以下	□初中	□高中	□大专及以上

调查内容	选项			
家庭劳动力	□0 人	□1 人	□2 人	□3 人及以上
家庭规模	□1—2 人	□3—4 人	□5—6 人	□7 人及以上
户月均收入	□1000 元及以下	□1001—2000 元	□2001—3000 元	□3001—4000 元
户月均支出	□1000 元及以下	□1001—2000 元	□2001—3000 元	□3001—4000 元

二、请根据您自身实际情况,对于安置点下面的相关问题进行评价打分,非常满意得 5 分、比较满意得 4 分、满意得 3 分、不太满意得 2 分、很不满意得 1 分。请在符合您真实情况和想法的选项处打"√",如果不太满意或很不满意,请在后面简要备注主要原因即可。

三级指标	非常满意	比较满意	满意	不太满意	很不满意	不太满意或很不满意的主要原因
安置点基本公共服务满意度	5	4	3	2	1	
1. 你对安置点群众子女就学情况满意吗	5	4	3	2	1	
2. 你对安置地学校师资力量满意吗	5	4	3	2	1	
3. 你对安置点学校开展的辅导作业、自主阅读、体育锻炼等活动满意吗	5	4	3	2	1	
4. 你对社区医疗机构的诊断室、治疗室、观察室、药房满意吗	5	4	3	2	1	
5. 你对安置点卫生技术人员的执业水平满意吗	5	4	3	2	1	
6. 你对安置点医院提供的服务价格和品质满意吗	5	4	3	2	1	
7. 你对搬迁群众的社会保障情况满意吗	5	4	3	2	1	

三级指标	非常满意	比较满意	满意	不太满意	很不满意	不太满意或很不满意的主要原因
8. 你对搬迁特困人员全方位托底救助供养服务满意吗	5	4	3	2	1	
9. 你对搬迁群众的户籍落户于安置地或办理"易地扶贫搬迁市民证"满意吗	5	4	3	2	1	
10. 你对安置点提供的申办出生、死亡、迁出、迁入等户籍业务满意吗	5	4	3	2	1	
11. 你对安置点建设的社区服务中心(站)、新时代文明实践中心、文体活动中心、老年服务中心、儿童活动中心、公共安全服务中心、社区殡葬服务设施满意吗	5	4	3	2	1	
12. 你对社区推行的"一站式"办理、上门办理、预约办理等服务方式满意吗	5	4	3	2	1	
13. 你对安置点内的购物、餐饮、维修、美容美发、洗衣、家政、物流配送和再生资源回收等生活服务满意吗	5	4	3	2	1	
14. 你对安置点卫生保洁,绿化养护,水电、门窗、家用电器及公共设施维修等物业服务满意吗	5	4	3	2	1	
15. 你对安置点内的家政、文体活动、心理疏导、医疗保健、法律服务、交通安全宣传教育等志愿服务满意吗	5	4	3	2	1	
安置点群众培训就业服务满意度						
1. 你对安置点群众的培训就业档案,归档管理和全程跟踪服务满意吗	5	4	3	2	1	
2. 你对人社部建立的《岗位信息数据库》满意吗	5	4	3	2	1	
3. 你对安置点挂牌成立的就业创业服务中心的服务满意吗	5	4	3	2	1	

三级指标	非常满意	比较满意	满意	不太满意	很不满意	不太满意或很不满意的主要原因
4. 你对当地工业园区、产业园区提供的就业岗位满意吗	5	4	3	2	1	
5. 安置点群众都能够在对口帮扶城市或经济发达地区的劳务协作下获得满意的劳动岗位吗	5	4	3	2	1	
6. 你对安置点所在地的农民工创业园(点)的带动创业就业情况满意吗	5	4	3	2	1	
7. 安置点建设的劳动密集型企业或扶贫车间,能为留守劳动力提供满意的居家就业机会吗	5	4	3	2	1	
8. 搬迁群众中的就业困难人员都能在治安巡防、养老服务、公路养护等服务管理类岗位上实现满意就业吗	5	4	3	2	1	
9. 安置点以广播、电视、网站、微信、宣传手册等方式,引导搬迁劳动力参加培训和转移就业,让你满意吗	5	4	3	2	1	
10. 你对安置点的搬迁劳动力的就业培训形式满意吗	5	4	3	2	1	
11. 你对安置点的就业培训内容满意吗	5	4	3	2	1	
12. 你对各类搬迁劳动力就业的生产经营主体和开展搬迁劳动力脱产培训的培训机构(含用工企业等)获得补贴满意吗	5	4	3	2	1	
安置点文化服务满意度						
1. 你对易地扶贫搬迁安置点配套的公共文化服务规划满意吗	5	4	3	2	1	
2. 你对安置点建设的综合性文化活动中心和文化体育活动广场的设备满意吗	5	4	3	2	1	
3. 你对社区文化设施有效发挥的功能及作用满意吗	5	4	3	2	1	

续表

三级指标	非常满意	比较满意	满意	不太满意	很不满意	不太满意或很不满意的主要原因
4 你对安置点讲好搬迁故事，教育群众牢记社会主义好、感恩党的好政策满意吗	5	4	3	2	1	
5. 你对用身边勤劳致富典型事迹和人物引导群众劳动致富满意吗	5	4	3	2	1	
6. 你对社区内大力开展公民基本道德规范和社会公德、职业道德、家庭美德教育满意吗	5	4	3	2	1	
7. 你对安置点破除奢侈浪费、互相攀比、封建迷信、酗酒赌博等陈规陋习，形成崇尚科学、文明、节俭、诚信的良好风尚的工作满意吗	5	4	3	2	1	
8. 你对安置点开展社区普法教育，增强群众法治观念满意吗	5	4	3	2	1	
9. 你对安置点推进"文明家庭""勤劳致富模范户""身边好人"等评选宣传活动常态化满意吗	5	4	3	2	1	
10. 你对安置点文化体育活动的开展形式和内容满意吗	5	4	3	2	1	
11. 你对安置点组建文艺社团，开展的各种文体活动满意吗	5	4	3	2	1	
12. 你对安置点为文化志愿服务队伍、社区文化能人、文艺爱好者、非物质文化遗产传承人创造的条件满意吗	5	4	3	2	1	
13. 你对易地扶贫搬迁题材文艺创作的产品满意吗	5	4	3	2	1	
14. 你对安置点建设融入民族建筑文化元素和标志性民族符号，建设重现迁出地地理风貌、文化的乡愁馆满意吗	5	4	3	2	1	
15. 你对安置点保留本民族特色手艺，挖掘民族文化艺人和民族民间工艺的工作满意吗	5	4	3	2	1	

三级指标	非常满意	比较满意	满意	不太满意	很不满意	不太满意或很不满意的主要原因
16. 你对安置点为社区文化服务建立的"党委政府统一领导、文化行政部门主抓、社区配合、居民参与"工作机制和工作格局满意吗	5	4	3	2	1	
17. 你对安置点社区公共文化经费保障情况满意吗	5	4	3	2	1	
18. 你对社区内宣传、教育、卫生、体育、科技等活动场地及设施的高效利用满意吗	5	4	3	2	1	
社区治理满意度						
1. 你对安置点的社区事务管理机构的设置满意吗	5	4	3	2	1	
2. 你对安置点党组织的核心作用情况满意吗	5	4	3	2	1	
3. 你对安置点党员干部的核心作用满意吗	5	4	3	2	1	
4. 你对安置点的党组织在议事、党建等方面的工作满意吗	5	4	3	2	1	
5. 你对街道办事处贯彻执行法律、法规、规章和县（市、区）政府的决定、命令、指示，完成县（市、区）政府部署的各项任务的情况满意吗	5	4	3	2	1	
6. 你对安置点按照"条块结合、以块为主"的管理方式，由街道办事处负责的安置点内公共安全和环境秩序满意吗	5	4	3	2	1	
7. 你对街道办事处首问负责、一窗受理、全程代办、服务承诺等制度的推行满意吗	5	4	3	2	1	
8. 你对安置点社区居民委员会的选举工作满意吗	5	4	3	2	1	

三级指标	非常满意	比较满意	满意	不太满意	很不满意	不太满意或很不满意的主要原因
9. 你对安置点居民会议、居民代表会议和居民协商议事会议满意吗	5	4	3	2	1	
10. 你对搬迁群众依法依规参与公共事务、集体资产等方面的管理的情况满意吗	5	4	3	2	1	
11. 你对安置点有关办事流程、工作进度、执行效果、经费收支等情况的公开情况满意吗	5	4	3	2	1	
12. 你对居（村）务监督委员会为搬迁群众服务的情况满意吗	5	4	3	2	1	
13. 你对安置点工会、共青团、妇联等群团组织提供的服务满意吗	5	4	3	2	1	
14. 你对安置点教育培训、健康养老、公益慈善、防灾减灾、邻里互助、居民融入、纠纷调解以及农村生产技术服务等社区社会组织提供的各类服务满意吗	5	4	3	2	1	
15. 你对志愿服务组织和志愿者积极参与的社区相关服务满意吗	5	4	3	2	1	
安置点基层党建情况满意度						
1. 你对安置点基层治理领导小组负责的各项工作满意吗	5	4	3	2	1	
2. 你对安置点党组织的工作满意吗	5	4	3	2	1	
3. 你对安置点内的自治组织、群团组织和各类社会服务组织的工作满意吗	5	4	3	2	1	
4. 你对安置点党组织负责人的工作能力满意吗	5	4	3	2	1	
5. 你对安置点党组织的党员工作能力满意吗	5	4	3	2	1	
6. 你对安置点党组织培养的新党员满意吗	5	4	3	2	1	

三级指标	非常满意	比较满意	满意	不太满意	很不满意	不太满意或很不满意的主要原因
7. 你对安置点党员干部的扶贫政策水平满意吗	5	4	3	2	1	
8. 你对安置点党组织在本安置点建设中的核心作用满意吗	5	4	3	2	1	
9. 你对安置点党组织领导召开的居民代表会议、群众会满意吗	5	4	3	2	1	
10. 你对安置点党组织开展的感恩教育活动满意吗	5	4	3	2	1	
11. 你对迁出地乡镇（街道）党（工）委与安置点党组织建立沟通机制，采取派驻干部到安置点、定期召开协调会等方式，配合抓好搬迁群众的帮扶、管理和相关政策衔接保障。	5	4	3	2	1	
12. 你对分配到安置点的人社、卫健、民政、公安、教育等资源满意吗	5	4	3	2	1	
13. 你对安置点构建的"居委会—网格—楼栋"的纵向网格化管理满意吗	5	4	3	2	1	

问卷调查结束，感谢您的配合！

责任编辑:赵圣涛

封面设计:胡欣欣

图书在版编目(CIP)数据

贵州易地扶贫搬迁后续扶持政策实施研究:2012—2020/陈勇军 著. —北京:
  人民出版社,2023.4
ISBN 978－7－01－025318－3

Ⅰ.①贵… Ⅱ.①陈… Ⅲ.①不发达地区-扶贫-移民-研究-贵州-2012—
2020 Ⅳ.①D632.4②F126

中国版本图书馆 CIP 数据核字(2022)第 237600 号

贵州易地扶贫搬迁后续扶持政策实施研究(2012—2020)

GUIZHOU YIDI FUPIN BANQIAN HOUXU FUCHI ZHENGCE SHISHI YANJIU(2012—2020)

陈勇军　著

人民出版社 出版发行

(100706　北京市东城区隆福寺街 99 号)

中煤(北京)印务有限公司印刷　新华书店经销

2023 年 4 月第 1 版　2023 年 4 月北京第 1 次印刷
开本:710 毫米×1000 毫米 1/16　印张:15
字数:265 千字

ISBN 978－7－01－025318－3　定价:79.00 元

邮购地址 100706　北京市东城区隆福寺街 99 号

人民东方图书销售中心　电话 (010)65250042　65289539